Mon cahier de Français

Nouvelle édition 2021

CYCLE 4

3e

pour lire, écrire et parler

Sous la direction de Florence Randanne
Agrégée de Lettres classiques

Emmanuel Broc
Agrégé de Lettres modernes

Nicolas Drapeau
Agrégé de Lettres modernes

Jennifer Cléry
Certifiée de Lettres classiques

Émilie Manidren
Certifiée de Lettres modernes

Florence Cognard
Agrégée de Lettres classiques

Delphine Rouault
Agrégée de Lettres modernes

Christiane Deregnaucourt
Agrégée de Lettres modernes

Elvire Sergheraert
Agrégée de Lettres classiques

Nom : ....

Prénom : ....

Classe : ....

Année : ....

W0210603

Ce cahier est conforme à la nouvelle terminologie grammaticale de juin 2020.

Belin ÉDUCATION

Sommaire

Maîtriser l'orthographe

Enrichir son vocabulaire

Acquérir de la méthode pour le brevet

J'ai validé les compétences du socle

Programme du cycle 4	Mise en œuvre dans le cahier
Expression orale	
Comprendre et interpréter des messages et des discours oraux complexes	
• Identification des visées d'un discours.	24. Modaliser un énoncé, p. 62.
• Distinction de ce qui est explicite et de ce qui est sous-entendu dans un propos.	23. L'explicite et l'implicite, p. 60.
• S'exprimer de façon maitrisée en s'adressant à un auditoire.	Les exercices oraux de la rubrique « Je lis et je m'exprime ».
• Exprimer ses sensations, ses sentiments, formuler un avis personnel.	24. Modaliser un énoncé, p. 62 ; 37. Exprimer un jugement, p. 96 ; 38. Exprimer des sentiments, p. 98 ; 39. Le champ lexical de la mémoire, p. 100.
• Participer de façon constructive à des échanges oraux.	Les exercices oraux de la rubrique « Je lis et je m'exprime ».
• Participer à un débat, exprimer une opinion argumentée et prendre en compte son interlocuteur.	Les compléments circonstanciels, p. 10 à 14 ; 22. Les registres de langue, p. 58 ; 27. Les connecteurs logiques, p. 70.
• Percevoir et exploiter les ressources expressives et créatives de la parole.	43. Analyser un poème, p. 110 ; 44. Analyser un texte théâtral, p. 112 ; Les exercices oraux de la rubrique « Je lis et je m'exprime ».
Expression écrite	
Utiliser l'écrit pour penser et apprendre	
• Réalisation d'écrits préparatoires.	47. Traiter le sujet d'imagination, p. 116 ; 48. Traiter le sujet de réflexion, p. 118 ; 49. Enrichir un texte, p. 120.
• Prise de notes à partir de différents supports.	41. Analyser le texte et l'image, p. 106.
Adopter des stratégies et des procédures d'écriture efficaces	
• Prise en compte du destinataire, des visées du texte et des caractéristiques de son genre et du support d'écriture.	22. Les registres de langue, p. 58 ; 24. Modaliser un énoncé, p. 62 ; 47. Traiter le sujet d'imagination, p. 116 ; 48. Traiter le sujet de réflexion, p. 118.
• Vérification et amélioration de la qualité du texte.	45. Réussir la dictée, p. 114 ; 46. Réussir la réécriture, p. 115 ; 47. Traiter le sujet d'imagination, p. 116 ; 48. Traiter le sujet de réflexion, p. 118 ; 49. Enrichir un texte, p. 120.
• Pratiquer l'écriture d'imagination.	47. Traiter le sujet d'imagination, p. 116 ; 49. Enrichir un texte, p. 120.
• Exploiter des lectures pour enrichir son écrit.	Les exercices écrits de la rubrique « Je lis et je m'exprime ».
	Les compléments circonstanciels, p. 10 à 14 ; 23. L'implicite et l'explicite, p. 60 ; 24. Modaliser un énoncé, p. 62 ; 27. Les connecteurs logiques, p. 70 ; 37. Exprimer un jugement, p. 96 ; 48. Traiter le sujet de réflexion, p. 118.
Lecture	
• Reconnaitre les implicites d'un texte.	23. L'explicite et l'implicite, p. 60 ; 37. Exprimer un jugement, p. 96.
• Recourir à des stratégies de lecture diverses.	Les exercices de la rubrique « Je lis et je m'exprime ».
• Lire et comprendre des images fixes ou mobiles variées empruntées à la peinture, aux arts plastiques, à la photographie, à la publicité et au cinéma.	41. Mettre en relation un texte et une image, p. 106 ; DNB 1 à 3 p. 122 à 126.
Élaborer une interprétation de textes littéraires	
• Formuler des impressions de lecture.	Les exercices de la rubrique « Je lis et je m'exprime ».
• Situer une œuvre dans son contexte.	42. Analyser un récit, p. 108 ; 43. Analyser un poème, p. 110 ; 44. Analyser un texte théâtral, p. 112.
• Procédés stylistiques.	28. Les figures de style, p. 72.
• Éléments d'analyse d'œuvres théâtrales, cinématographiques, picturales, musicales.	41. Mettre en relation un texte et une image, p. 106 ; 44. Analyser un texte théâtral, p. 112.
Étude de la langue	
Fonctionnement de la phrase simple	
• Distinction phrase non verbale / phrase simple / phrase complexe.	9. Phrase simple et phrase complexe, p. 22.
• Analyse des constituants de la phrase simple obligatoires et facultatifs.	2. Les expansions du nom et l'apposition, p. 8 ; Les compléments circonstanciels, p. 10 à 14 ; 6. L'expression de la condition, p. 16.
• Identification des classes de mots et mise en évidence de leurs propriétés.	1. Les classes de mots, p. 6 ; 34. Les adverbes en *-ment*, p. 89.
• Approfondissement des propriétés des notions grammaticales nécessaires à la correction orthographique.	29. L'accord du verbe avec son sujet, p. 76 ; 30. Les accords dans le groupe nominal, p. 78 ; 31. L'accord du participe passé, p. 81 ; 32. Les homophones verbaux, p. 84 ; 33. Les homophones grammaticaux, p. 86 ; 34. Les adverbes en *-ment*, p. 89.
• Observation de l'ordre des mots et de son effet sur le sens de la phrase.	8. La phrase emphatique et les présentatifs, p. 20.

• Identification des types et des formes de phrases.	7. Les types et formes de phrases, p. 18.
• Notion de construction détachée (ou apposition).	2. Les expansions du nom et l'apposition, p. 8.
• Identification des constituants de la phrase complexe (par analogie avec les constituants de la phrase simple).	6. L'expression de la condition, p. 16 ; 10. Les subordonnées circonstancielles, p. 24 ; 11. Les subordonnées interrogatives indirectes, p. 26 ; 12. Les subordonnées introduites par *que*, p. 28.
• Notions de juxtaposition, coordination, subordination.	9. Phrase simple et phrase complexe, p. 22 ; 27. Les connecteurs logiques, p. 70.
Rôle de la ponctuation	
• Analyse du rôle syntaxique des signes de ponctuation et utilisation de ces signes à bon escient.	7. Les types et formes de phrases, p. 18 ; 23. L'explicite et l'implicite, p. 60.
Connaitre les différences entre l'oral et l'écrit	
• Aspects syntaxiques.	22. Les registres de langue, p. 58.
• Formes orales et formes graphiques.	32. Les homophones verbaux, p. 84 ; 33. Les homophones grammaticaux, p. 86 ; 34. Les adverbes en *-ment*, p. 89.
Connaitre le fonctionnement des chaines d'accord	
• Accord dans le groupe nominal complexe.	30. Les accords dans le groupe nominal, p. 78.
• Accord du participe passé avec être et avec avoir.	31. L'accord du participe passé, p. 81.
• Accord de l'adjectif et du participe passé en position détachée.	31. L'accord du participe passé, p. 81.
• Accord du verbe dans les cas complexes.	29. L'accord du verbe avec son sujet, p. 76.
• Savoir relire un texte écrit.	45. Réussir la dictée, p. 114 ; 46. Réussir la réécriture, p. 115.
• Savoir vérifier les marques dans les chaines d'accord.	30. Les accords dans le groupe nominal, p. 78 ; 31. L'accord du participe passé, p. 81.
• Maitriser le fonctionnement du verbe et son orthographe.	Maîtriser et employer les temps et les modes verbaux, p. 32 à 50.
• Identification des verbes à construction directe et à construction indirecte.	20. Actif et passif, p. 52.
• Identification des verbes pronominaux.	21. Les verbes pronominaux, p. 54.
• Identification des principaux temps et modes.	Maîtriser et employer les temps et les modes verbaux, p. 32 à 50.
• Formation des temps simples.	13. Le présent de l'indicatif, p. 32 ; 14. L'impératif présent, p. 36 ; 15. Le futur simple de l'indicatif, p. 38 ; 17. Le conditionnel présent, p. 44 ; 18. Le passé simple et l'imparfait, p. 46 ; 20. Actif et passif, p. 52 ; 21. Les verbes pronominaux, p. 54.
• Construction des temps composés.	19. Les temps composés, p. 50 ; 20. Actif et passif, p. 52 ; 21. Les verbes pronominaux, p. 54.
• Construction du passif.	20. Actif et passif, p. 52.
Mise en évidence du lien entre le temps employé et le sens (valeur aspectuelle)	
• Approfondissement de la valeur aspectuelle.	Maîtriser et employer les temps et les modes verbaux, p. 32 à 50.
• Principaux emplois des différents modes.	14. L'impératif présent, p. 36 ; 16. Le subjonctif : présent, imparfait et passé, p. 41 ; 17. Le conditionnel présent, p. 44.
Maitriser la structure, le sens et l'orthographe des mots	
• Observations morphologiques : dérivation et composition, étymologie et néologie, graphie des mots.	35. La formation des mots, p. 90.
Mise en réseau de mots	
• Analyse du sens des mots : polysémie et synonymie, catégorisations.	36. Les reprises nominales et pronominales, p. 94.
Construire les notions permettant l'analyse et la production des textes et des discours	
• Repérage de ce qui détermine un registre et de ce qui le caractérise.	28. Les figures de style, p. 72 ; 42. Analyser un récit, p. 108 ; 43. Analyser un poème, p. 110 ; 44. Analyser un texte théâtral, p. 112.
Prise en compte des caractéristiques des textes lus ou à produire	
• Identification et interprétation des éléments de la situation d'énonciation.	22. Les registres de langue, p. 58.
• Observation, reconnaissance et utilisation de paroles rapportées, directement ou indirectement.	25. La concordance des temps, p. 64 ; 26. Les paroles rapportées, p. 66.
• Repérage et interprétation des marques de modalisation.	24. Modaliser un énoncé, p. 62.
• Identification et utilisation des éléments linguistiques de cohésion textuelle.	36. Les reprises nominales et pronominales, p. 94.
• Identification et utilisation des marques d'organisation du texte.	27. Les connecteurs logiques, p. 70.
• Reconnaissance des formes actives / passives.	20. Actif et passif, p. 52.
• Reconnaissance de l'emphase et de la phrase impersonnelle.	7. Les types et formes de phrases, p. 18 ; 8. La phrase emphatique et les présentatifs, p. 20.

1 La nature des mots

Je retiens

La **nature d'un mot** est sa carte d'identité.

Mots variables (changent de forme selon le genre et le nombre)

Pronoms	Déterminants	Noms communs et propres	Verbes	Adjectifs
Ils remplacent le nom. *je, celui, lui*	Ils introduisent le nom. *un, ces, mon*	Ils servent à nommer. *lézard, Paris*	Ils se conjuguent. *trouver, trouvons*	Ils précisent le nom. *fabuleux*

Mots invariables (ne changent jamais de forme)

Adverbes	Prépositions	Conjonctions de subordination	Conjonctions de coordination	Interjections
Ils apportent une précision. *ici, habituellement*	Elles introduisent des compléments. *à, de, par*	Elles relient des propositions. *puisque, quand*	Elles relient des mots ou des propositions. *mais, ou, et, donc, or, ni, car*	Elles expriment un sentiment. *Oh ! Zut ! Chic !* **Onomatopées** Elles traduisent un bruit. *boum, crac*

Je m'exerce

1 Dans les phrases suivantes, indiquez la nature de chacun des mots.

1. « Vers le nord un incendie rougeoie dans la nuit. » Robert Desnos, « Le veilleur du Pont-au-Change », 1944.

....

....

2. « Paris dort tout debout sans air dans le métro. » Paul Éluard, « Courage », 1942.

....

....

2 Dans ce texte, remplacez les mots soulignés par un mot de la même nature en conservant le sens du texte.

Il était six heures moins cinq <u>quand</u> Kate <u>arriva</u> à la <u>nouvelle</u> salle de trekking. Elle avait marché <u>vite</u> dans le <u>souterrain</u> <u>bondé</u>. Avant d'entrer, elle eut <u>soudain</u> un <u>instant</u> d'arrêt, d'hésitation. Elle pensa à ce qu'elle s'apprêtait à faire et se dit <u>en secouant</u> la tête : « Ma pauvre fille ! <u>Décidément</u>, l'amour te rend <u>stupide</u>. »

Jean-Christophe Rufin, *Globalia*, Gallimard, 2004.

....

....

....

....

....

....

....

3 Indiquez les onomatopées qui pourraient correspondre aux bruits suivants. Qualifiez-les à l'aide d'adjectifs appropriés.

Exemple : le bruit d'une explosion ⇨ un énorme boum / un boum assourdissant

1. le bruit de la pluie → ....

2. le bourdonnement d'un insecte → ....

3. l'aboiement d'un chien → ....

Je lis et je m'exprime

4 Lisez le texte suivant et répondez aux questions.

Les soldats redressés couraient, se couchaient, repartaient, mais malgré le barrage qui pilait leur ligne, les Allemands s'étaient mis à tirer, et l'on voyait dans le grand terrain vague, tournoyer, culbuter des hommes. Il y en avait qui, couchés, s'agitaient encore, se traînaient vers les trous d'obus. [...] Une salve jeta ses cinq coups terribles autour de la vivante épave, puis les shrapnells[1] claquèrent au-dessus d'eux. L'artillerie aveugle s'acharnait sur ce coin-là.

Roland Dorgelès, *Les Croix de bois*, Albin Michel, 1919.

1. **Shrapnells**: obus à balles.

a. Soulignez les verbes d'action et de mouvement dans les deux premières phrases : que remarquez-vous ? Quel est l'effet produit ?

....

....

....

....

....

....

b. Dans les deux dernières phrases, observez les groupes nominaux : comment sont-ils majoritairement constitués ? Réécrivez ces groupes nominaux en les réduisant à un déterminant et un nom. Pourquoi la version de l'auteur est-elle plus intéressante ?

....

....

....

....

....

5 Réécriture. **Réécrivez le texte en mettant les mots soulignés au pluriel. Faites les accords nécessaires.**

Ainsi, il avait découvert qu'elle ne résistait pas à un article peu cher, qu'elle achetait sans besoin, quand elle croyait conclure une affaire avantageuse ; et sur cette observation, il baissait progressivement l'article non vendu préférant le vendre à perte.

D'après Émile Zola, *Au Bonheur des Dames*, 1883.

....

....

....

....

....

....

6 Composez des phrases en utilisant des mots appartenant à la classe indiquée.

a. déterminant • nom • adjectif • verbe • conjonction de subordination • pronom • pronom • verbe

....

b. interjection • pronom • verbe • adverbe • conjonction de coordination • adverbe • déterminant • nom

....

7 À vos plumes !

Sur une feuille libre, écrivez le récit de la rencontre d'un homme et de son clone.
Vous emploierez les dix natures de mots présentées dans « Je retiens », p. 6, et soulignerez dans votre texte un exemple de chaque classe.

Compétences validées

	☹	😐	☺
J'ai respecté la consigne et employé dix natures de mots.			
J'ai proposé un récit cohérent.			
J'ai reconnu la nature des mots.			

2

Les expansions du nom et l'apposition

Je retiens

Le groupe nominal réduit (déterminant + nom noyau) **peut être enrichi** par des expansions du nom et des appositions.

Épithète

- Adjectif
  Un souvenir ***heureux***
- Proposition subordonnée relative adjective
  Un souvenir ***qui remonte à l'enfance***

Complément du nom

- Groupe prépositionnel
  Un souvenir ***d'enfance***

Appositions

Adjectif, GN ou proposition subordonnée relative adjective, séparés du nom par une virgule.
Nos souvenirs, ***heureux*** *ou* ***tristes****, sont précieux. / Nos souvenirs,* ***petites parenthèses vivantes du passé****, sont précieux. / Les souvenirs,* ***que nous avons partagés****, sont précieux.*
Attention, si on supprime les virgules, ce n'est plus une apposition mais une épithète.
Les souvenirs ***que nous avons partagés*** *sont précieux.→ que nous avons partagés* est épithète de *souvenirs.*

Je m'exerce

Comparons nos langues

En anglais, l'adjectif est antéposé, **il se place généralement avant le nom** qu'il qualifie : *a yellow submarine, a smart girl, a wonderful world...*

1 Soulignez tous les groupes nominaux de cet extrait et indiquez s'ils sont réduits. Si non, entourez les mots qui les complètent.

Au physique, je suis de taille moyenne, plutôt petit. J'ai des cheveux châtains coupés court [...]. Les traits caractéristiques de ma physionomie sont : une nuque très droite [...] ; un front développé, plutôt bossué, aux veines temporales exagérément noueuses et saillantes [...].

Michel Leiris, *L'Âge d'homme*, Gallimard, 1939.

....

2 Précisez la fonction des mots ou groupes de mots soulignés.
épithète • complément du nom • apposition

Commençons par l'épilogue : Maman, <u>quasi centenaire</u>, regardant un film <u>sur un auteur</u> <u>qu'elle connaît bien</u>. [...] Sa conscience <u>de très vieille dame</u> quitte les plages <u>du présent</u> pour refluer doucement vers les <u>lointains</u> archipels <u>de la mémoire</u>.

Daniel Pennac, *Chagrin d'école*, Gallimard, 2007.

....
....
....
....
....
....
....
....
....
....

3 **Soulignez en bleu les épithètes et en vert les compléments de nom.**

Il m'obsède, ce retour. [...] Un bruit furtif, une odeur diffuse, une lumière d'après-midi, un geste, un silence parfois, suffisent à réveiller le souvenir de l'enfance. [...] Une peur de retrouver des vérités enfouies [...]. Depuis vingt ans je reviens ; la nuit en rêve, [...] dans cette impasse où je vivais heureux avec ma famille et mes amis. L'enfance m'a laissé des marques dont je ne sais que faire.

Gaël Faye, *Petit Pays*, Grasset, 2016.

Je lis et je m'exprime

4 **Lisez attentivement le texte et répondez aux questions suivantes.**

C'est que mon père, instituteur de son état, traquait et prenait aux cheveux toutes les occasions de s'exhiber en auguste amateur. Larges tatanes, pif rouge, et tout un fourbi bricolé de ses vieux costumes, des ustensiles de cuisine mis au rancard. [...] Ainsi armé et affublé de la sorte, casqué d'une passoire à l'émail écaillé, cuirassé d'un corset rose à baleines, presse-purée nucléaire à la hanche, casse-noix supersonique au poing, c'était un guerrier hagard, un samouraï de fer-blanc qui sauvait l'humanité intergalactique.

Michel Quint, *Effroyables jardins*, Joëlle Losfeld, 2000.

a. Soulignez en bleu les expansions des noms et les appositions qui enrichissent les groupes nominaux soulignés.

b. Expliquez le sens du mot *auguste* en vous aidant des expansions du nom du texte.

....

....

....

c. En vous appuyant sur les expansions du nom soulignées, dites quelle image de son père le narrateur cherche à donner.

....

....

....

....

....

À noter
Face à un **mot inconnu**, pensez à repérer ses **expansions**, elles peuvent vous aider à le comprendre dans son contexte.

5 **Dictée préparée. Lisez le texte suivant et répondez aux questions.**

Je me plantais devant le miroir pour inventorier mes imperfections : genoux saillants, bassin pointant sous la peau, bras arachnéens. Et je m'effarais de ce trou sous le plexus dans lequel aurait tenu un poing, creusant ma poitrine comme l'empreinte jamais effacée d'un coup.

Philippe Grimbert, *Un secret*, Grasset & Fasquelle, 2004.

a. Expliquez l'accord des adjectifs soulignés en indiquant le nom qu'ils qualifient.

....

....

....

b. Écrivez le texte sous la dictée de votre professeur.

6 **À vos plumes !**

« Selfie en mots » : réalisez un selfie en exprimant une émotion. Rédigez ensuite votre autoportrait en respectant votre photo (tenue, couleurs, lieu...) et l'émotion exprimée. Décalquez les contours de votre photo. Remplissez ces contours de votre texte afin d'obtenir un calligramme. Vous pouvez si nécessaire recopiez plusieurs fois le même texte.

Compétences validées	☹	😐	☺
J'ai varié le plus possible les expansions.			
J'ai choisi des expansions qui mettent en valeur l'émotion choisie.			
J'ai accordé les adjectifs avec le nom qu'ils complètent.			

3 Les compléments circonstanciels : manière, moyen et but

Je retiens

- On peut exprimer la **manière** (façon dont l'action se réalise), le **moyen** (instrument grâce auquel l'action se réalise) et le **but** (objectif visé) à l'aide de **compléments circonstanciels** (CC).
- Ces compléments peuvent être déplacés ou supprimés et appartenir à **différentes classes de mots** : GN, groupe prépositionnel, infinitif, gérondif, adverbe, proposition subordonnée conjonctive...

CC de manière (= comment ?)

- *Le capitaine s'est comporté **avec bravoure**.*
- *Il parle **doucement**, son frère parle **fort**.*
- *Je suis sortie **sans le regarder**.*
- *Il trouve ses idées **en marchant**.*

CC de moyen (= grâce à quoi ?)

- *Il a acheté ce livre **avec son argent de poche**.*
- *L'architecte a conçu ses plans **en utilisant un logiciel**.*

CC de but (= pour obtenir quoi ?)

- *Nous avons tout fait **pour le retrouver**.*
- *Tes professeurs te font travailler **afin que tu progresses**.*
- *Ces trains sont prévus **pour le transport de marchandises**.*

Je m'exerce

À noter

On peut exprimer un but négatif (= objectif rejeté) par un groupe infinitif introduit par **de peur de, de crainte de** ou une proposition subordonnée introduite par **de crainte que, de peur que**.

1 **Complétez les phrases suivantes par le ou les CC indiqué(s) entre parenthèses.**

1. Il va toujours travailler .... *(moyen).*

2. Nous sommes sortis de son bureau .... *(manière).*

3. Ces plats ont été préparés .... *(moyen et but).*

2 **Soulignez les CC de chaque phrase, et indiquez s'ils expriment la manière, le moyen, ou le but.**

1. Nous passâmes la nuit sans dormir pour être sûrs de l'entendre rentrer. ....

2. Je suis allé le chercher en voiture de crainte qu'il ne puisse participer à la fête ; en effet, il s'est cassé la jambe et marche avec des béquilles. ....

3. Je laisse ma sœur finir tranquillement sa valise, et je ferme les volets afin que tout soit prêt pour notre départ. ....

3 **Reliez chaque proposition au CC de manière, de moyen ou de but qui convient.**

Il est urgent de limiter la pollution •	• avec légèreté.
J'ai recopié mon devoir •	• pour préserver la biodiversité.
Tu prends tout •	• en prenant le temps de réfléchir.
Elle est souvent habillée •	• au stylo plume.
On fait mieux les choses •	• élégamment.

4 **Relevez dans le tableau les compléments circonstanciels de moyen, de manière et de but du texte.**

Jamais je n'avais accueilli une nouvelle si joyeusement ! En répondant aux questions d'un jeu radiophonique, je venais de gagner un voyage d'une semaine à Venise. J'avais laissé mes coordonnées au standard pour que la radio puisse me contacter. Quelques jours plus tard, je finalisai les formalités avec mon ordinateur sans aucune difficulté. Je reçus tous les documents nécessaires au voyage par courrier. Pour l'enregistrement à l'aéroport, je me présentai deux heures avant le décollage avec un enthousiasme débordant.

CC de moyen	CC de manière	CC de but
....	....	....
....	....	....
....	....	....
....	....	....

Je lis et je m'exprime

5 **Formez des binômes. À partir des propositions suivantes, un(e) élève propose un CC de son choix (manière, moyen ou but), et l'autre un complément circonstanciel différent. Inversez ensuite les rôles.**

J'ai réussi à débloquer la porte... • Il parle toujours... • Nous préférons agir...

6 **Complétez les phrases suivantes en exprimant d'abord un but positif, ensuite un but négatif.**

1. Elle faisait des efforts ....

2. Je suis resté à son chevet ....

3. Munissez-vous de votre ticket ....

7 **Dictée préparée.** **Lisez ce texte et répondez aux questions.**

L'après-midi, je restais assise longtemps sur le balcon de la salle à manger, à la hauteur des feuillages qui ombrageaient le boulevard Raspail, et je suivais des yeux les passants. Je connaissais trop peu les mœurs des adultes pour essayer de deviner vers quel rendez-vous ils se hâtaient. Mais leurs visages, les silhouettes, le bruit de leurs voix me captivaient ; à vrai dire, je m'explique assez mal aujourd'hui ce bonheur qu'ils me donnaient ; mais quand mes parents décidèrent de s'installer dans un cinquième[1], rue de Rennes, je me rappelle mon désespoir.

Simone de Beauvoir, *Mémoires d'une jeune fille rangée*, Gallimard, 1958.

1. Appartement au cinquième étage.

a. Soulignez deux CC de manière. Quelle classe de mots identifiez-vous ? ....

b. « Des yeux » : quel type de complément reconnaissez-vous ? ....

c. Écrivez ce texte sous la dictée de votre professeur.

8 **À vos plumes !**

Vous avez réalisé un exploit que vous pensiez hors de votre portée.

Racontez cette expérience en employant au moins deux CC de moyen, deux CC de manière et deux CC de but.

Compétences validées

J'ai employé au moins deux CC de moyen, de manière et de but.			
J'ai varié les formulations des CC circonstanciels.			
J'ai rapporté un exploit personnel.			

4 Les compléments circonstanciels : cause et conséquence

Je retiens

Cause et **conséquence** s'expriment à l'aide de **compléments circonstanciels (CC)** qui peuvent être déplacés ou supprimés.

La cause (= pourquoi ?)

- Une proposition coordonnée introduite par *car*.
  *Il faut que je prenne l'air **car j'ai besoin de me distraire**.*
- Une proposition subordonnée circonstancielle.
  ***Comme des travaux étaient signalés**, il a pris une autre route.*
- Un groupe nominal ou verbal introduit par une préposition.
  *Je me suis fait mal **à cause de lui**.*
- Un gérondif
  *Il a pris froid **en sortant sans manteau**.*
- Une proposition participiale
  ***Nos devoirs terminés**, nous avons pu aller au cinéma.*

La conséquence (= avec quel résultat ?)

- Une proposition coordonnée introduite par *donc, aussi, ainsi, par conséquent, du coup...*
  *Elles sont épuisées, **donc elles sont allées se coucher**.*
- Une proposition subordonnée circonstancielle.
  *C'est une personne **tellement** bienveillante **que tout le monde est agréable avec elle**.*
- Un groupe nominal ou verbal introduit par une préposition.
  *J'ai mangé **jusqu'à satiété**.*

Je m'exerce

À noter

La relation logique de cause à conséquence peut être **implicite** dans le cas de deux propositions juxtaposées par une virgule, un point-virgule ou deux-points :
J'avais faim (cause) : *je suis entré dans une boulangerie* (conséquence).

1 ★ **Précisez si les groupes de mots soulignés expriment la cause ou la conséquence.**

1. Consternés, les spectateurs quittaient la salle les uns après les autres, si bien qu'il ne resta plus personne pour applaudir le malheureux acteur à la fin du spectacle. → ....

2. Grâce à son intervention bienveillante, j'ai pu obtenir un rendez-vous rapidement. → ....

3. Il pleut, je préfère rester au chaud. → ....

2 ★★ **Reliez chaque proposition au CC de cause ou de conséquence qui convient.**

Nous avons dansé •	• puisque tu me le demandes gentiment.
Elle a fait tous ces sacrifices •	• jusqu'à épuisement.
Je t'emmènerai au cinéma •	• par amour.

3 ★★ **Indiquez si les groupes de mots soulignés expriment la cause ou la conséquence et précisez leur nature.**

1. Ce matin, je suis arrivé très en retard car mon bus n'est pas passé. Je vais avoir tellement de cours à rattraper que je ne pourrai pas aller à mon entraînement de basket. → ....

....

2. Tu joues sur ta console jusqu'à en tomber de sommeil. → ....

4 Complétez les phrases par l'un des termes suivants : grâce à • jusqu'à • dès lors • si bien que • faute de.

1. Votre voiture est tombée en panne .... vous êtes arrivés en retard au rendez-vous.

2. Hier, Ariane a regardé la télévision .... en avoir mal aux yeux.

3. Tu es arrivé en retard .... t'être suffisamment pressé.

4. Nous pourrons acheter cette console .... notre argent de poche.

5. Ils savent que le sérieux paie, ... ils n'ont aucune raison d'être inquiets.

Je lis et je m'exprime

5 Lisez attentivement le texte suivant et répondez aux questions.

Depuis que j'ai acquis une malheureuse célébrité, il m'est arrivé de passer des jours, des mois entiers avec des personnes qui ne se souvenaient plus que j'avais fait des livres ; moi-même je l'oubliais, si bien que cela nous paraissait à tous une chose de l'autre monde. Écrire aujourd'hui m'est odieux, non que j'affecte un sot dédain pour les lettres, mais c'est que je doute plus que jamais de mon talent, et que les lettres ont si cruellement troublé ma vie que j'ai pris mes ouvrages en aversion.

François-René de Chateaubriand, *Mémoires d'outre-tombe*, posth., 1849.

a. Relevez une proposition exprimant la conséquence. Quels indices vous ont permis de répondre ?

....

....

....

....

b. Combien de causes sont associées à la proposition « Écrire aujourd'hui m'est odieux » ? Sont-elles toutes des causes validées par l'auteur ? Quels indices vous ont permis de répondre ?

....

....

....

6 Réécriture. Réécrivez le texte suivant en remplaçant les CC en gras par des compléments de natures différentes, sans en changer le sens.

Dans le parc, les coureurs étaient **tellement** nombreux **qu'il me fallait régulièrement mordre sur la pelouse pour les laisser passer. Par paresse**, je n'avais moi-même jamais fait régulièrement du sport, mais j'aimais marcher longtemps : **ainsi, je voyais souvent le soleil se coucher et la ville changer complètement de visage à la faveur de la nuit.**

Mais ce jour-là, je décidai de rentrer rapidement : **j'étais totalement gelé.**

....

....

....

....

....

....

....

....

....

....

7 À vos plumes !

Vous souhaitez organiser une journée costumée dans votre collège. Tentez de convaincre votre professeur(e). Vous emploierez au moins trois CC de cause et trois CC de conséquence.

Compétences validées

	☹	😐	☺
Mon texte comporte au moins trois CC de cause et de conséquence.			
Les formulations des CC sont variées.			

5 Les compléments circonstanciels : concession et opposition

Je retiens

La **concession** met en relation deux faits contradictoires.

La concession

Une proposition subordonnée circonstancielle	Une proposition relative	Un groupe prépositionnel
Une **proposition subordonnée circonstancielle** introduite par *bien que, quoique, encore que, même si.* ***Bien qu'il soit inexpérimenté,*** *il est très à l'aise au tir à l'arc.*	Une **proposition relative** (*quelque… que, si… que, aussi… que, quoi… que* + subjonctif). ***Si cultivé qu'il soit,*** *il ne connaît pas Flaubert.*	Un **groupe prépositionnel**. ***Malgré son charme,*** *il la laisse totalement indifférente.*

L'**opposition** met en parallèle deux faits opposés mais qui ne sont pas contradictoires.

L'opposition

Une proposition subordonnée circonstancielle	Les conjonctions de coordination	Un adverbe ou une locution adverbiale
Une **proposition subordonnée circonstancielle** introduite par *alors que, tandis que* + indicatif. *Ton frère est très sage,* ***alors que*** *ta sœur ne fait aucun effort.*	Les **conjonctions de coordination** *mais, or.* *Je suis gentil* ***mais*** *je ne me laisse pas faire.*	Un **adverbe** ou une **locution adverbiale** (*par contre, en revanche, au contraire, cependant, toutefois, pourtant*, etc.). *Votre travail est court,* ***en revanche*** *il est très pertinent.*

Je m'exerce

1 Complétez les phrases suivantes par le terme qui convient.

alors que • sans • mais • aussi… que

1. Je n'ai connu le pauvre, ... respectable écrivain, que par ses publications.

2. .... remettre en cause le talent des acteurs, il faut bien dire que ce film est raté.

3. Il refusa de se resservir à manger, ... délicieux .... fût ce plat.

4. Pourquoi ne fais-tu aucun effort, ... je fais tout pour t'aider ?

2 Soulignez les termes exprimant un lien logique, puis distinguez les phrases exprimant l'opposition de celles exprimant la concession.

1. Malgré sa phobie des insectes, Pierre est parti en Amazonie. → ....

2. Je ne sais pas quoi préparer : Paula est végétarienne alors que Luc adore la viande rouge. → ....

3. À six ans, je décidai de partir seul en promenade, en dépit de l'interdiction formelle de mes parents.
→ ....

3 Indiquez si les groupes de mots ou propositions soulignés expriment la concession ou l'opposition.

1. Il est sorti de ses gonds, <u>tout calme qu'il est</u>. → ....

2. <u>Bien qu'elle soit plutôt petite</u>, elle est toujours première en course de vitesse. → ....

3. J'adore les spaghettis, <u>pourtant je ne parviens pas à terminer mon assiette</u>. → ....

4. Tu auras du mal à nous convaincre <u>malgré tous tes arguments</u>. → ....

5. Cette peinture est trop voyante <u>tandis que celle-ci est trop terne</u>. → ....

Je lis et je m'exprime

4 **Lisez ce texte et répondez aux questions.**

Certes, ce fut une grande chose de reconnaître le droit de tous, de composer l'autorité universelle de la somme des libertés individuelles, de dissoudre ce qui restait des castes dans l'unité auguste d'une souveraineté commune, et d'emplir du même peuple tous les compartiments du vieux monde social ; certes, cela fut grand. Mais, messieurs, c'est surtout dans son action sur les classes qualifiées jusqu'alors classes inférieures qu'éclate la beauté du suffrage universel.

Victor Hugo, *Discours sur le suffrage universel*, 21 mai 1850.

a. Quel indice montre qu'il s'agit d'un discours ?

....

....

....

b. Dans quelle phrase Victor Hugo énonce-t-il l'idée essentielle à ses yeux ? Reformulez-la.

....

....

....

....

c. Relevez les marques de la concession et de l'opposition, puis analysez la progression logique du passage.

....

....

....

....

....

5 **Réécriture.** **Réécrivez ces phrases en exprimant la concession avec une autre formulation.**

1. Bien qu'il fût très poli, il ne lui dit pas bonjour ce matin-là. ....

....

2. Cet homme s'est fait mal en trébuchant ; j'ai beaucoup ri. ....

....

3. Aussi raffiné que soit ton goût vestimentaire, la cravate que tu portes aujourd'hui est affreuse.

....

4. Malgré mon grand respect pour lui, je ne suivis pas son conseil. ....

....

6 **Complétez les phrases suivantes en exprimant la relation logique indiquée entre parenthèses.**

1. Elle veut sortir .... *(concession)*

2. Je sentais une présence .... *(opposition)*

3. Vous refusez de m'écouter .... *(concession)*

4. Tu as reconnu que j'avais raison, ... *(opposition)*

7 **À vos plumes !**

Choisissez un personnage parmi vos héros de fiction favoris. En quelques lignes, rédigez son portrait afin d'en souligner la complexité.

Vous emploierez au moins deux formules exprimant l'opposition et deux formules exprimant la concession.

Compétences validées

	☹	😐	☺
J'ai su exprimer la concession et l'opposition.			
J'ai varié les formulations.			
J'ai rédigé un texte descriptif.			

6 L'expression de la condition

Je retiens

La condition exprime selon quelles circonstances un fait peut se réaliser.

Dans une phrase simple, on peut l'exprimer par :

- **une préposition** *(avec, sans, en cas de, sous réserve de...)* suivie d'un nom ou d'un verbe à l'infinitif : ***En cas de pluie*** *(= s'il pleut), je m'abriterai sous un porche.*
- **un gérondif** : ***En travaillant,*** *tu réussirais.*

Dans une phrase complexe, on peut l'exprimer par :

- **une subordonnée introduite par « si »**

Condition	Subordonnée	Principale	Exemple
Fait probable ou éventuel	Indicatif présent	Indicatif présent ou futur	***Si tu sèmes le vent,*** *tu récolteras la tempête.*
Fait possible mais incertain = potentiel	Indicatif imparfait	Conditionnel présent	***Si tu voulais devenir écrivain très vite,*** *il faudrait apprendre l'orthographe.*
Fait non réalisé dans le présent = irréel du présent	Indicatif imparfait	Conditionnel présent	***Si je trouvais un trésor,*** *je le partagerais.*
Fait non réalisé dans le passé = irréel du passé	Indicatif plus-que-parfait	Conditionnel passé	***Si la grenouille n'avait pas voulu se faire aussi grosse que le bœuf,*** *elle n'aurait pas éclaté.*

- **une subordonnée introduite par une locution conjonctive** : *dans la mesure où, à condition que, pour peu que...*
- **des propositions juxtaposées ou coordonnées** : *Vous voulez réussir, travaillez !*

Je m'exerce

1 Complétez ces phrases en conjuguant les verbes entre parenthèses aux temps et modes qui conviennent.

1. Si tu .... *(disposer)* d'une baguette magique, qu'en ferais-tu ?

2. Si la cigale .... *(être)* prévoyante, elle n'aurait pas été surprise par l'hiver.

3. Si tu .... *(faire)* un voyage en Grèce, tu comprendras la richesse des civilisations antiques.

2 Indiquez par quel moyen est exprimée la condition dans les phrases suivantes.

1. Si l'on m'avait donné du temps, j'aurais pu mieux songer à moi. ....

2. Vous guérirez, à condition de vous soigner. ....

3. En m'écoutant, vous réussirez. ....

4. Une guerre arriverait, nous serions sans défense. ....

3 Commencez les phrases avec une subordonnée introduite par *si*. Respectez les modes et les temps.

1. En cas de désobéissance, Antigone sera punie par le roi Créon. → ....

....

2. En se soumettant à la volonté du roi, Antigone pourrait préserver sa vie. → ....

....

3. Sans désobéir, Antigone n'aurait pas pu recouvrir le corps de son frère.→ ....

....

Je lis et je m'exprime

4 Lisez ce texte et répondez aux questions.

> Et si tu arrivais, un jour d'été, dans mon pays, au fond d'un jardin que je connais, un jardin noir de verdure et sans fleurs, si tu regardais bleuir, au lointain, une montagne ronde où les cailloux, les papillons et les chardons se teignent du même azur mauve et poussiéreux, tu m'oublierais, et tu t'assoirais là, pour n'en plus bouger jusqu'au terme de ta vie.
>
> Colette, *Les Vrilles de la vigne*, Hachette, 1908.

a. Relevez les subordonnées circonstancielles de condition. Quel univers permettent-elles de créer ?

....

b. Identifiez les verbes au conditionnel. Qu'expriment les propositions dans lesquelles ils sont employés ?

....

5 Reformulez l'hypothèse contenue dans chaque phrase de manière à obtenir une subordonnée circonstancielle de condition. Respectez les modes et les temps des verbes.

1. En cas d'incendie, empruntez la sortie de secours. ....

2. Tire la queue du chat, il te griffera. ....

3. En écoutant parler cet écrivain, tu aurais eu envie de lire ses œuvres. ....

4. J'aurais suivi tes conseils, je n'aurais pas commis d'erreur. ....

6 Complétez ces phrases. Réécrivez-les ensuite en remplaçant *si* par *au cas où* : que remarquez-vous ?

1. Si je pouvais me rendre invisible, ...

2. Si tu avais été métamorphosé en dauphin, ...

3. S'il rencontrait un fantôme, ...

4. Si vous aviez vécu à la fin du XIXe siècle, ...

7 À vos plumes !

Rédigez un article de presse. Documentez-vous sur la grotte de Lascaux 4, ouverte au public en décembre 2016. Composez un article destiné à être publié dans le journal du collège en formulant des hypothèses sur le mode de vie des hommes préhistoriques.

Compétences validées

	☹	😐	☺
J'ai construit des phrases simples ou complexes correctes.			
J'ai formulé des hypothèses en exprimant la condition.			
J'ai évoqué de façon cohérente la vie à l'époque préhistorique.			

7 Les types et formes de phrases

Je retiens

Il existe **trois grands types de phrases.**

La phrase déclarative	La phrase interrogative	La phrase impérative
affirme ou infirme une information. Se termine par un point, un point d'exclamation ou des points de suspension. *Le comédien entre en scène.*	**pose une question.** • Peut comporter des mots interrogatifs, une inversion du sujet. • Se termine par un point d'interrogation. *Quand le comédien entre-t-il en scène ?*	**donne un ordre, un conseil, exprime une interdiction, une prière.** Se termine par un point ou un point d'exclamation. *Qu'il entre en scène !*

Il existe cinq **formes de phrases** qui se combinent avec les types de phrases.

- La forme **négative** : *Le comédien ne sait plus son texte.*
- La forme **exclamative** : *Quelle performance de comédienne !*
- La forme **passive** : *Le décor est changé par une machinerie complexe.*
- La forme **emphatique** : *C'est sur scène que le texte théâtral prend toute sa dimension.*
- La forme **impersonnelle** : *Il faut encore travailler ton entrée.*

Je m'exerce

1 ★ **Précisez le type et la forme de chaque phrase puis transformez la phrase selon les indications entre parenthèses.**

1. Antigone va-t-elle respecter les ordres du roi ? *(phrase impérative)*

....

....

2. Il faut qu'Hémon aime toujours Antigone. (*forme passive*)

....

....

3. Antigone respecte tout ce que lui dit Créon. (*forme exclamative*)

....

....

2 ★★ **Soulignez les phrases à la forme emphatique et entourez l'élément mis en valeur.**

1. C'est l'heure de partir.

2. Il faut que tu lises ce livre.

3. Ça me passionne, ces histoires de métamorphoses.

4. Voici la pièce que nous avons préférée.

3 ★★ **Indiquez le type et la forme de chaque phrase.**

1. N'avez-vous pas retenu votre texte ? → ....

2. Il peut y avoir encore des changements de mise en scène. → ....

3. Avec quelle impatience nous attendions le dénouement de cette pièce ! → ....

....

4. Cette pièce, l'as-tu vraiment lue ? → ....

5. Qu'il soit pourchassé par les remords. → ....

Je lis et je m'exprime

4 Lisez cet extrait et répondez aux questions.

RUY BLAS, *survenant.*
Bon appétit, messieurs ! [...]
Ô ministres intègres !
Conseillers vertueux ! voilà votre façon
De servir, serviteurs qui pillez la maison !
Donc vous n'avez pas honte et vous choisissez [l'heure,
L'heure sombre où l'Espagne agonisante pleure !
Donc vous n'avez ici pas d'autres intérêts
Que d'emplir votre poche et vous enfuir après !
Soyez flétris, devant votre pays qui tombe,
Fossoyeurs qui venez le voler dans sa tombe !
– Mais voyez, regardez, ayez quelque pudeur.

Victor Hugo, *Ruy Blas*, 1838.

a. Quelle forme de phrase domine ? Sur quels sentiments de Ruy Blas permet-il d'insister ?

....

b. « Soyez flétris », « Mais voyez, regardez, ayez quelque pudeur » : identifiez le type de phrase et justifiez votre réponse. Qu'exprime-t-il ?

....

5 Réécriture. Réécrivez le texte en transformant toutes les phrases déclaratives en phrases impératives. Vous transformerez aussi les phrases impératives du texte en phrases déclaratives.

Alors, moi, Ota[1], la belle, en descendant vers toi, je suis devenue plus ronde et souple. Je ne roule plus mes galets. Je joue moins avec mes rochers. Car il faut que j'avance vers l'estuaire. Il faut que je t'aide, ami, que je fasse tourner tes moulins, tes usines, que j'abreuve tes villes, tes villages. Il faut que je porte tes bateaux. En approchant de la mer, je deviens sage.

Jean-Paul Alègre, *Moi, Ota, rivière d'Hiroshima*, L'Avant-Scène théâtre, 2015.

1. **Ota** : rivière japonaise qui traverse la ville d'Hiroshima.

....

6 À vos plumes !

Rédigez une scène à partir de la situation suivante. Veillez à varier les types et les formes de phrases.
Un(e) élève prend la défense d'un(e) de ses camarades harcelé(e) par un(e) autre ou d'autres élèves.

Compétences validées

	☹	😐	☺
J'ai respecté la mise en page des dialogues au théâtre.			
J'ai adapté les types et les formes de phrases aux contenus des paroles.			
J'ai fait progresser mon dialogue.			
J'ai varié les arguments.			

8 La phrase emphatique et les présentatifs

Je retiens

La forme emphatique permet d'insister sur l'un des éléments d'une phrase en le mettant en relief.

Procédés de l'emphase

Redoublement d'un groupe de mots, repris par un pronom personnel ou démonstratif.
*Et **nos amours** / Faut-il qu'il m'**en** souvienne ?* (Apollinaire)

Mise en relief d'un élément **par un présentatif** suivi, le plus souvent, d'une proposition relative.

- ***C'est… qui / que…*** ou ***Ce qui / que…, c'est…***
  ***C'est** sur la grève […] **que** se rassemblent les enfants.* (Chateaubriand)
- ***Il y a… qui / que…***
  ***Il y a** mon cœur **qui** bat pour toi.* (Apollinaire)
- ***Voici…, voilà… qui / que…***
  ***Voici** venir une montagne d'eau **qui** s'avançait en mugissant.* (Chateaubriand)

Modification de l'ordre des mots dans la phrase.
Rares sont les jours où je ne travaille pas.

Je m'exerce

1 **Relevez les termes mis en relief dans ce texte, et classez-les dans le tableau ci-dessous selon le procédé utilisé.**

Il est des mots qui comptent plus que d'autres. Celui qui me vient à la bouche, si banal et si beau, c'est un mot qu'on aime faire rimer avec toujours. Parler d'amour, je le sais bien, cela comporte des risques… Je pourrais continuer de me taire, mais c'est au-dessus de mes forces ! Aimer et être aimé en retour, voilà le rêve que je nourris.

Termes mis en relief par redoublement	Termes mis en relief par un présentatif
……………………	……………………
……………………	……………………
……………………	……………………

2 **Identifiez le procédé d'emphase employé dans chaque phrase.**

1. Ce qui m'importe, c'est que vous soyez satisfait. ……………………
2. Comment s'appellent-ils, vos enfants ? ……………………
3. Voilà exactement les mots que j'avais envie d'entendre. ……………………
4. Passionnants sont ces romans que tu dévores ! ……………………
5. Hélène, avec son franc-parler, saura bien te dire ce qu'elle en pense, elle ! ……………………
……………………

3 **Complétez les phrases suivantes par les présentatifs qui conviennent :**
Il y a… que • C'est… que • Ce qui…, c'est • Voici… dont

1. ………… l'ami ………… tu me parles depuis si longtemps.
2. ………… pour éviter d'être déçu ………… j'évite de donner ma confiance trop vite.
3. ………… peu de films de cette actrice ………… j'apprécie.
4. ………… me semble plus important, ………… de fêter cela dignement.

Je lis et je m'exprime

4 Lisez ce texte et répondez aux questions.

Eh bien, ce que vous ne conseilleriez pas à un particulier, au dernier des habitants d'un pays civilisé, on peut le conseiller à la France ! [...]

Voilà ce qu'on pourrait dire et voilà ce qu'on ne dira pas, car à coup sûr, vous n'entrerez pas dans ce système d'économies qui consternerait l'intelligence et qui humilierait la nation. [...]

Messieurs, il n'y a pas que la prudence matérielle au monde, il y a autre chose que ce que j'appellerai la prudence brutale.

Victor Hugo, *Discours à l'Assemblée nationale*, 11 novembre 1848.

a. Soulignez tous les présentatifs.

b. Quel procédé emphatique est utilisé dans la première phrase ? Quel est le ton employé par Victor Hugo dans ce discours ?

....

c. Quels autres éléments contribuent à l'efficacité argumentative du discours ?

....

5 Dans les phrases suivantes, mettez en relief les mots soulignés en employant une tournure emphatique. Variez les formulations.

1. L'ami dont je t'ai parlé aime beaucoup les films d'horreur.

....

2. Je voulais te faire cette confidence depuis longtemps. ....

3. « Son regard est pareil au regard des statues. » (Verlaine) ....

4. Voulez-vous prendre la parole ? ....

> **À noter**
> La formulation emphatique ***C'est... qui / que...*** est variable en genre et en nombre. *Ce sont des idées que j'aime à défendre.*

6 Réécriture. Réécrivez ce quatrain en utilisant dans chaque vers un procédé d'emphase pour renforcer l'émotion du poète.

J'entends le vent gémir dans les sombres sapins
Puis je m'enterrerai dans la mélancolie
Ô ma Lou tes grands yeux étaient mes seuls copains
N'ai-je pas tout perdu puisque mon Lou m'oublie

Guillaume Apollinaire, *Poèmes à Lou*, Gallimard, posthume 1947.

....

7 À vos plumes !

Choisissez une image de paysage (photographie, peinture). Décrivez ce paysage en employant le plus possible de procédés d'emphase.

Compétences validées

	☹	😐	☺
J'ai employé des procédés d'emphase dans toutes les phrases.			
J'ai varié les formulations.			
J'ai exprimé mes émotions dans la description produite.			

9 Phrase simple et phrase complexe

Je retiens

La phrase simple comporte un seul verbe conjugué et donc **une seule proposition**. *J'ai aimé ce roman.*

La phrase complexe comporte plusieurs verbes conjugués et donc **plusieurs propositions**. Ces propositions peuvent être des indépendantes ou une principale et des subordonnées qui en dépendent.

Propositions indépendantes

- **Coordonnées** : Reliées par une conjonction de coordination *(mais, ou, et, donc, or, ni, car)*. *J'ai aimé ce roman* ***donc*** *je te le conseille.*
- **Juxtaposées** : Reliées par un signe de ponctuation (virgule, point-virgule ou deux-points). *J'ai aimé ce roman**,** je te le conseille.*

Propositions subordonnées

- **Relatives** : Introduites par un pronom relatif (*qui, que, dont*…). Complètent un nom, l'antécédent. *Je contemple la mer* ***qui*** *est calme.*
- **Complétives**
  - **Conjonctives** : Introduites par la conjonction de subordination *que*. *Léa a voulu* ***que*** *nous nagions ensemble.*
  - **Interrogatives indirectes** : Introduites par un mot interrogatif (*qui, où*…) ou par *si* après un verbe exprimant la demande ou la connaissance (*savoir*). *On se demandait* ***si*** *nous pourrions nager ensemble.*
  - **Infinitives** : Sans subordonnant. *Nous avons vu la mer se déchaîner sous nos yeux.*
  - **Participiales** : ***La mer étant calme****, nous avons nagé.* (sujet du participe différent de celui du verbe principal)
- **Conjonctives circonstancielles** : Introduites par une conjonction de subordination (*lorsque, parce que, si*…). *On a plaisir à regarder la mer* ***lorsqu'****elle est déchaînée.*

Je m'exerce

1 Indiquez si les propositions suivantes sont coordonnées ou juxtaposées. Puis transformez-les en introduisant un subordonnant pour obtenir une principale et une subordonnée.

1. Nous devons protéger la nature car la faune et la flore doivent être maintenues en l'état.

....

2. Cette œuvre d'art a une valeur inestimable : c'est un Van Gogh.

....

2 Choisissez parmi les principales de la liste celle qui convient à chaque subordonnée. Indiquez le type de subordonnée.

Lamartine entendait • Rodrigue se demande • V. Hugo a été affecté

1. .... s'il doit sauver l'honneur de son père ou son amour pour Chimène. → ....

2. .... le vent siffler dans les branches lors de ses promenades. → ....

3. .... quand il a perdu sa fille Léopoldine. ....

Je lis et je m'exprime

3 Lisez le texte suivant et répondez aux questions.

Le pain

La surface du pain est merveilleuse d'abord à cause de cette impression quasi panoramique qu'elle donne : comme si l'on avait à sa disposition sous la main les Alpes, le Taurus ou la Cordillère des Andes.

[...]

Ce lâche et froid sous-sol que l'on nomme la mie a son tissu pareil à celui des éponges : feuilles ou fleurs y sont comme des sœurs siamoises soudées par tous les coudes à la fois. Lorsque le pain rassit ces fleurs fanent et se rétrécissent : elles se détachent alors les unes des autres, et la masse en devient friable...

Mais brisons-la : car le pain doit être dans notre bouche moins objet de respect que de consommation.

Francis Ponge, *Le Parti pris des choses*, Gallimard, 1942.

a. Expliquez à quoi le pain est comparé dans le premier paragraphe en justifiant votre propos.

b. Explicitez le sens du deuxième paragraphe en remplaçant les deux-points (:) par des conjonctions de coordination ou de subordination. Lisez à voix haute les phrases.

c. Quel effet produit la dernière phrase du texte ? Pourquoi ?

4 Dictée préparée. Lisez le texte attentivement, puis répondez aux questions.

Dès que le charcutier voyait ma mère s'approcher de l'étalage, sa voix montait comme une sirène d'alarme, il se précipitait, se penchait, la panse sur le comptoir, brandissait le poing, faisait mine de défendre sa marchandise de son corps, sommant ma mère de passer son chemin, et, pendant que la cruelle plongeait dans le jambon un nez impitoyable, avec une grimace d'abord d'incrédulité, et ensuite d'horreur, indiquant par toute une mimique variée qu'une odeur abominable venait de frapper ses narines, Renucci, les yeux levés au ciel, les mains jointes, implorait la madone de le retenir, de l'empêcher de tuer...

Romain Gary, *La Promesse de l'aube*, Gallimard, 1960.

a. Comment les propositions soulignées sont-elles reliées entre elles : juxtaposition, coordination ou subordination ? Quel est l'effet produit ?

b. Comment justifiez-vous la terminaison des verbes en *-ait* dans les premières lignes ?

c. Écrivez le texte sous la dictée de votre professeur.

5 À vos plumes !

Écrivez la suite du texte de l'exercice 4 en insistant sur les réactions des deux personnages qui se détestent.
Vous utiliserez des phrases simples et complexes.

Compétences validées	☹	😐	☺
J'ai utilisé des phrases simples et complexes correctes.			
J'ai respecté les terminaisons des verbes.			
J'ai pris en compte les caractères des deux personnages.			

10 Les subordonnées circonstancielles

Je retiens

Les subordonnées circonstancielles dépendent d'une **proposition principale.**
Elles peuvent être **déplacées** en fonction du sens de la phrase ou **supprimées**. On distingue :

Les subordonnées conjonctives	Les subordonnées participiales
***Quand le chat n'est pas là**, les souris dansent.*	***La nuit étant tombée**, nous rentrons.*
• Elles sont introduites par une **conjonction de subordination** : *quand, parce que, si bien que, tandis que, pour que, si, comme* • Elles sont suivies de l'**indicatif** (réel) ou du **subjonctif** (possible).	• Elles ne sont introduites par **aucun subordonnant** ; elles sont détachées de la proposition principale par une virgule. • Elles sont suivies du **participe** (passé ou présent).

Elles précisent les **circonstances de l'action** : temps, cause, conséquence, but, opposition/concession (➘ p. 14), condition et comparaison. Elles ont une **fonction de complément circonstanciel**.

Je m'exerce

1 Complétez les subordonnées circonstancielles suivantes en employant le subordonnant qui convient, puis précisez la relation logique établie.

Exemple : *Il a été émerveillé par la découverte des temples grecs, **si bien qu'**il veut devenir archéologue.* → ***Conséquence.***

1. Je crois que ce livre devrait lui plaire, ... il adore la période romantique. → ....
2. .... vous lisez des nouvelles de Maupassant, vous porterez un autre regard sur la Normandie. → ....
3. .... le recueil de Baudelaire, *Les Fleurs du mal*, fut publié, un scandale éclata. → ....
4. .... il me propose d'aller voir l'adaptation de mon roman préféré, je préfère renoncer à ce projet. → ....
5. La chute de cette nouvelle est .... je l'avais imaginée. → ....

2 Transformez les phrases suivantes de manière à obtenir une subordonnée conjonctive circonstancielle. Pensez à varier les subordonnants.

1. Le maître parti, une dispute éclata dans la classe. ....
2. La neige est tombée en abondance, notre départ a été différé. ....
3. Je relis mon texte et je trouve des fautes. ....
4. Les élèves racontent leur enfance à la manière de Marcel Pagnol. ....
5. Le tigre, qui a été longtemps chassé, est en voie de disparition. ....

Je lis et je m'exprime

3 Formez des binômes. L'un(e) d'entre vous propose une phrase simple. Votre camarade complète l'énoncé en ajoutant une subordonnée circonstancielle. Inversez ensuite les rôles.

Exemple : *Élève A : Sophia n'a pas pu voter... Élève B : ... parce qu'elle n'a pas atteint l'âge de la majorité.*

4 Lisez le texte suivant et répondez aux questions.

Des élèves se moquent de leur professeur de mathématiques, M. Pétunia, en sifflant dès qu'il a le dos tourné.

Il en fut longtemps intrigué, lorsqu'il remarqua, au troisième rang, le jeune Vernet. C'était un externe, aussi sage qu'un portrait : mais lorsqu'il écrivait avec application, il faisait, sans s'en rendre compte, une petite moue pointue : de loin, on eût pu croire qu'il sifflait. Pétunia le crut en effet. C'est pourquoi il félicita Vernet de son « joli talent de société », et le mit au piquet près du poêle, en lui promettant une retenue. Berlaudier craignit un instant que cet externe ne le dénonçât. Mais Vernet, dont la timidité était extrême, n'osa pas dire un seul mot, [...] si bien qu'il nous donnait le modèle du bon élève au piquet.

Marcel Pagnol, *Le Temps des secrets*, « Coll. Fortunio », Éditions de Fallois, © Marcel Pagnol, 2004.

a. Relevez quatre subordonnées circonstancielles et précisez la circonstance exprimée. Dans quelle mesure marquent-elles les étapes du récit ?

....

....

....

....

....

....

....

b. Remplacez les éléments soulignés par des conjonctions de subordination de sens équivalent et réécrivez les phrases.

....

....

....

c. Quelle image de Pétunia et de Vernet ce passage donne-t-il au lecteur ?

....

....

....

5 Réécriture. Réécrivez le texte en remplaçant les subordonnants qui introduisent une circonstancielle par des subordonnants synonymes sans changer le sens des phrases.

Nous rentrions toujours de bonne heure de nos promenades pour pouvoir faire une visite à ma tante Léonie avant le dîner. Au commencement de la saison où le jour finit tôt, quand nous arrivions rue du Saint-Esprit il y avait encore un reflet du couchant sur les vitres de la maison et un bandeau de pourpre au fond des bois [...]. Dans l'été au contraire, quand nous rentrions, le soleil ne se couchait pas encore.

Marcel Proust, *À la recherche du temps perdu*, 1913.

....

....

....

....

....

....

....

....

....

....

6 À vos plumes !

Présentez l'actualité.

Consultez un journal au CDI ou en ligne.
Recherchez dans l'actualité trois événements que vous présenterez sous forme de phrases contenant une relation de cause et de conséquence.

Compétences validées

	☹	😐	☺
J'ai construit des phrases complexes correctes.			
J'ai employé des subordonnées circonstancielles (rapport de cause/conséquence).			
J'ai exposé clairement les événements.			

11 Les subordonnées interrogatives indirectes

Je retiens

La proposition subordonnée interrogative indirecte complète des verbes qui expriment **le doute**, **l'ignorance** ou **l'interrogation** comme *demander, savoir, ignorer...*

Elle peut être introduite par

un pronom interrogatif	un déterminant interrogatif	un adverbe interrogatif	la conjonction si
un pronom interrogatif : *qui, quoi, lequel...* ***Je sais*** *qui viendra !*	**un déterminant interrogatif :** *quel* et ses composés. ***Demande*** *quel train il faut prendre.*	**un adverbe interrogatif :** *où, quand, comment, combien, pourquoi...* ***J'ignore*** *quand il viendra !*	**la conjonction** *si*. Elle correspond alors à une interrogation totale. ***J'ignore*** *si elle viendra !*

Dans une proposition subordonnée interrogative indirecte, il faut respecter la concordance des temps.

J'ignorais *quand elle viendrait.*

Indicatif imparfait → conditionnel présent

Je m'exerce

1 Soulignez les propositions subordonnées interrogatives indirectes quand vous en repérez.

1. Sais-tu s'il fera beau demain ?
2. Je te demande s'il fera beau demain.
3. Nous ferons une randonnée s'il fait beau.
4. Qui veut m'accompagner ?
5. Qui m'aime me suive !
6. Qu'en dis-tu ?
7. J'ignore de qui il s'agit...
8. Je me demande qui sera là !
9. Viens quand tu veux !
10. Dites-moi quand vous comptez arriver.
11. Tout cet argent ! Je ne saurai qu'en faire !
12. Dans combien de temps arrives-tu ?

2 Reliez les propositions interrogatives indirectes de chaque phrase au type d'interrogation qui convient.

J'ignore combien de temps ils resteront. •
Dites-moi si je peux rester ici. •
Encore faudrait-il que je sache qui va venir ! •
Il se demande s'il a eu raison d'agir ainsi. •
Devinez qui est là ! •

• interrogation totale
• interrogation partielle

À noter

On parle d'**interrogation totale** quand la réponse ne peut être que « oui », « non » ou « je ne sais pas ». Dans les autres cas, on parle d'**interrogation partielle**.

3 Transformez les phrases interrogatives suivantes en propositions subordonnées interrogatives indirectes dépendant des propositions principales indiquées.

1. Comment viendra-t-il ? → J'ignorais ....
2. Est-elle vraiment amoureuse de moi ? → À l'époque, je ne savais pas ....
3. Quelle heure est-il ? → Puis-je vous demander ....
4. Où irez-vous sans papiers ? → Je vous demandai ....
5. Que puis-je faire ? → Je ne sais ....
6. Qui sommes-nous ? D'où venons-nous ? Où allons-nous ? → On s'interroge pour savoir ....
....

Je lis et je m'exprime

4 **Par groupes de trois, improvisez un dialogue : l'un(e) pose des questions en anglais ; le (la) deuxième traduit les questions au (à la) troisième. Vous utiliserez des interrogatives indirectes pour traduire les questions.**

Exemple : *– Where did you find your coat ? – Il te demande où tu as trouvé ton manteau.*

5 **Lisez ce texte et répondez aux questions.**

Le narrateur est invité dans une vaste demeure isolée. Une fois couché, il assiste à un spectacle étrange : les objets s'animent…

Je ne savais que penser de ce que je voyais […]. Un des portraits, le plus ancien de tous, celui d'un gros joufflu à barbe grise […], sortit, en grimaçant, la tête de son cadre, et, après de grands efforts, ayant fait passer ses épaules et son ventre rebondi entre les ais[1] étroits de la bordure, sauta lourdement par terre.

Il n'eut pas plutôt pris haleine, qu'il tira de la poche de son pourpoint une clef d'une petitesse remarquable ; il souffla dedans pour s'assurer si la forure[2] était bien nette, et il l'appliqua à tous les cadres les uns après les autres.

Théophile Gautier, « La Cafetière », *Récits fantastiques*, 1831.

1. **Ais** : pièce en bois d'un tableau.
2. **Forure** : partie d'une clef qui rentre dans la serrure.

a. Relevez deux propositions subordonnées interrogatives indirectes et précisez la classe grammaticale des subordonnants.

…………………………………………

…………………………………………

…………………………………………

b. Qu'apporte au récit la première subordonnée interrogative indirecte ?

…………………………………………

…………………………………………

…………………………………………

c. Quelle information sur le personnage apporte la seconde subordonnée interrogative indirecte ?

…………………………………………

6 **Complétez ces phrases avec quatre verbes différents pour exprimer une interrogation.**

1. Il faut …………………… si la coque du bateau est en bon état. **2.** Nous …………………… comment faire pour sortir d'ici ! **3.** Je vais …………………… où ils ont pris leurs billets. **4.** …………………… j'étais ce jour-là ?

7 **Dans la fable de La Fontaine « La grenouille qui veut se faire aussi grosse que le bœuf » (I, 3), réécrivez les paroles de la grenouille en remplaçant les interrogations directes par des interrogatives indirectes.**

Regardez bien, ma sœur ; ……………………

Est-ce assez ? dites-moi ; n'y suis-je point encore ? ……………………

Nenni. M'y voici donc ? ……………………

8 **À vos plumes !**

Emma Bovary s'ennuie et rêve d'aventures. Poursuivez le récit suivant.

Vous développerez ses interrogations, ses attentes, ses craintes et imaginerez les questions qu'elle se pose… Vous utiliserez des interrogatives indirectes.

Compétences validées

	☹	😐	☺
J'ai utilisé des propositions subordonnées interrogatives pour traduire les pensées d'Emma Bovary.			
J'ai poursuivi mon récit à la 3e personne et au passé.			
J'ai varié les verbes introducteurs.			

Au fond de son âme, cependant, elle attendait un événement. Comme les matelots en détresse, elle promenait sur la solitude de sa vie des yeux désespérés, cherchant au loin quelque voile blanche dans les brumes de l'horizon. Elle ne savait pas quel serait ce hasard, le vent qui le pousserait jusqu'à elle, vers quel rivage il la mènerait.

Gustave Flaubert, *Madame Bovary*, 1856.

12 Les subordonnées introduites par *que*

Je retiens

Que peut introduire différents types de propositions subordonnées :

Une subordonnée relative →	Le **pronom relatif *que / qu'*** : • peut être remplacé par son antécédent. • a **une fonction dans la relative**.	*Je vois **les progrès*** (antécédent) ***que** fait la classe.* → Le pronom relatif ***que*** est **COD** (complément du verbe) de « fait ». (= *La classe fait des progrès*.)
Une subordonnée conjonctive →	La **conjonction de subordination *que / qu'*** : • ne peut pas être remplacée. • n'a aucune fonction dans la subordonnée. • complète le verbe.	*Je sais **qu'il viendra**.* (indicatif) → La conjonctive peut être **COD du verbe principal**. *L'essentiel est **qu'il vienne**.* (subjonctif) → La conjonctive peut être **attribut du sujet**. ***Qu'il vienne** m'étonnerait beaucoup.* (subjonctif) → La conjonctive peut être **sujet**.
Une subordonnée interrogative indirecte →	Le **mot interrogatif *que***	*Je ne sais **que répondre**.* → La subordonnée interrogative indirecte est **COD du verbe principal**.
Une subordonnée circonstancielle ↗	Les **locutions conjonctives *tellement… que / si… que***, etc. introduisent une proposition subordonnée circonstancielle de conséquence.	*Il a **tellement** de travail **qu'il ne viendra pas**.* → La subordonnée circonstancielle est **complément circonstanciel de conséquence**.
↘	La **conjonction *que*** introduit une subordonnée circonstancielle de but.	*Approche-toi **que je te voie**.* → La subordonnée circonstancielle est **complément circonstanciel de but**.

Je m'exerce

1 ★ **Pour chaque phrase, soulignez les pronoms relatifs et leurs antécédents ou encadrez les conjonctions ou locutions conjonctives, puis indiquez quel type de subordonnée vous reconnaissez.**

1. Mon objectif est qu'on sache lire et écrire. → ....

2. Le livre que vous m'avez recommandé est passionnant ! → ....

3. J'affirme que deux et deux font quatre. → ....

4. La classe est si appliquée qu'elle fait de grands progrès. → ....

2 ★★ **Dans les phrases suivantes, soulignez les subordonnées conjonctives et donnez leur fonction.**

1. Le principe de cette figure géométrique est que les angles soient égaux. → ....

2. Le code de la route interdit que l'on dépasse au sommet d'une côte. → ....

3. Qu'il reconnaisse s'être montré imprudent n'est pas prêt d'arriver ! → ....

3 Identifiez le type de subordonnée introduite par *que*.

1. Le dernier livre que nous avons lu a reçu le prix Goncourt. ……………………………………

2. Léo aime tellement Léa qu'il en devient fou. ……………………………………

3. On ne sait que dire face à l'injustice humaine. ……………………………………

Je lis et je m'exprime

4 Lisez ce texte et répondez aux questions.

Le soir, Marie est venue me chercher et m'a demandé si je voulais me marier avec elle. J'ai dit que cela m'était égal et que nous pourrions le faire si elle le voulait. Elle a voulu savoir alors si je l'aimais. J'ai répondu comme je l'avais déjà fait une fois, que cela ne signifiait rien mais que sans doute je ne l'aimais pas. « Pourquoi m'épouser alors ? » a-t-elle dit. Je lui ai expliqué que cela n'avait aucune importance et que si elle le désirait, nous pouvions nous marier.

Albert Camus, *L'Étranger*, Gallimard, 1942.

a. Soulignez les occurrences de *que* dans cet extrait et précisez sa classe grammaticale.

……………………………………

……………………………………

……………………………………

……………………………………

b. Pourquoi *que* est-il autant répété ?

……………………………………

……………………………………

……………………………………

5 Construisez une phrase comportant au moins une conjonctive et une circonstancielle, en utilisant les mots de la liste suivante : se souvenir • neiger • avril.

……………………………………

……………………………………

6 Dictée préparée. Lisez le texte suivant et répondez aux questions.

Je me souviens d'avoir rencontré Louki un jour dans un quartier que je ne connaissais pas [...]. Nous avons fait quelques pas ensemble et elle m'a dit qu'elle habitait par ici, mais qu'elle n'aimait pas du tout ce quartier. C'est idiot, j'aurais pu savoir ce jour-là son vrai prénom. Puis nous nous sommes quittés à la porte Maillot, devant l'entrée du métro, et je l'ai regardée qui s'éloignait vers Neuilly et le bois de Boulogne, d'une démarche de plus en plus lente, comme pour laisser à quelqu'un l'occasion de la retenir.

Patrick Modiano, *Dans le café de la jeunesse perdue*, Gallimard, 2007.

a. Relevez et commentez deux emplois de *que*.

……………………………………

……………………………………

……………………………………

……………………………………

b. Justifiez l'accord de « regardée ».

……………………………………

……………………………………

……………………………………

c. Écrivez le texte sous la dictée de votre professeur.

7 À vos plumes !

À la manière de Patrick Modiano (exercice 6), écrivez le souvenir d'une rencontre qui vous a marqué(e).
Respectez les temps utilisés dans l'extrait que vous avez lu et employez au moins deux fois *que*.

Compétences validées

	☹	😐	☺
J'ai employé deux occurrences de *que*.			
J'ai construit un souvenir de rencontre.			
J'ai utilisé des phrases correctes.			

ÉVALUATION

Je fais le point sur mes connaissances

1 Dans les phrases suivantes, soulignez les propositions subordonnées et indiquez de quel type de subordonnée il s'agit.

1. J'admirais le peintre exécuter son tableau.

....

2. Il pense que les romans de science-fiction peuvent devenir réels. ....

3. La berceuse que lui chantait sa mère est restée gravée dans sa mémoire. ....

.... /6

2 Cochez l'intrus et justifiez votre choix.

1. Dites-nous si nous irons jouer aujourd'hui. ☐

2. Si tu as terminé ton travail, tu pourras jouer avec tes amis. ☐

3. Elle veut savoir à quelle heure nous allons jouer. ☐

....

....

....

.... /2

3 Réécrivez ces phrases en mettant en relief l'élément souligné.

1. Elle aime se promener <u>en montagne</u>.

....

....

2. <u>Jeanne</u> veut absolument être là pour ton anniversaire. ....

....

3. <u>Un lac splendide</u> s'étend devant nous.

....

....

.... /1,5

4 Soulignez un complément circonstanciel dans chaque phrase, et indiquez s'il exprime la cause ou la conséquence.

1. Ayant le mal de mer, je redoute les voyages en bateau. ....

2. C'est une région si agréable que beaucoup de touristes la visitent. ....

3. Nous voulons tous manger chez elle pour sa cuisine excellente. ....

.... /6

5 Complétez les phrases suivantes à l'aide d'un complément circonstanciel. Vous devez respecter la nuance indiquée entre parenthèses.

1. ...., nous pourrons enfin sortir. *(temps)*

2. Il s'est levé de bonne heure .... *(but)*

3. ...., ils vont se vexer définitivement. *(condition)*

.... /3

6 Proposez des expansions du nom variées pour le groupe nominal « un regard » de manière à exprimer les sentiments indiqués.

Sentiment de peur	Sentiment de force	Sentiment de fragilité
....	....	....
....	....	....
....	....	....

.... /1,5

Total .... /20

Comptez vos points

Comptez 0,5 point par bonne réponse.

Vous avez 15 à 20 points : Bravo ! Ces notions n'ont plus de secrets pour vous !

Vous avez 11 à 14 points : Vous y êtes presque ! Encore quelques efforts et vous deviendrez incollable.

Vous avez 8 à 10 points : Vous êtes sur la bonne voie ! Relisez les pages 6 à 29 puis recommencez les exercices.

Vous avez 0 à 7 points : Relisez les pages 6 à 29. Pour comprendre vos erreurs, discutez-en avec votre professeur.

Je fais le point sur mes compétences

7 Lisez ce texte et répondez aux questions.

> ANTIGONE. – Vous me dégoûtez tous avec votre bonheur ! Avec votre vie qu'il faut aimer coûte que coûte. On dirait des chiens qui lèchent tout ce qu'ils trouvent. Et cette petite chance pour tous les jours, si on n'est pas trop exigeant. Moi, je veux tout, tout de suite, – et que ce soit entier – ou alors je refuse ! Je ne veux pas être modeste, moi, et me contenter d'un petit morceau si j'ai été bien sage. Je veux être sûre de tout aujourd'hui et que cela soit aussi beau que quand j'étais petite – ou mourir.
>
> Jean Anouilh, *Antigone*, © Éditions de La Table ronde, 1946.

a. Quel lien logique lie le groupe prépositionnel « avec votre bonheur » au début de la phrase ? Sur quel point Antigone s'oppose-t-elle aux autres ?

....

....

....

b. Identifiez la forme des phrases soulignées. Quel état d'esprit du personnage traduisent-elles ?

....

....

....

c. Relevez deux tournures emphatiques dans ce texte. Quel élément est mis en valeur et pourquoi ?

....

....

....

....

d. Quel adjectif épithète est répété deux fois ? Quels noms qualifie-t-il ? Que met-il en évidence ?

....

....

....

....

8 Réécriture. Réécrivez le passage surligné en jaune en remplaçant « je » par « ils ». Vous ferez toutes les modifications nécessaires.

....

....

....

....

....

9 À vos plumes ! Rédigez une lettre ouverte dans laquelle vous exprimez votre dégoût, votre colère face à un fait d'actualité (situation des sans domiciles, pollution, racisme...). Pour insister sur ce qui vous révolte, utilisez des tournures emphatiques, des expansions du nom, variez les types de phrases et employez des compléments circonstanciels.

Compétences validées	☹	😐	☺
Connaître les aspects fondamentaux du fonctionnement syntaxique.			
Identifier des constituants de la phrase.			

13

Le présent de l'indicatif

Je retiens

Pour conjuguer un verbe au **présent de l'indicatif,** on ajoute au radical **des terminaisons différentes selon les verbes**, indiquées en rouge dans le tableau suivant.

Verbes en *-er* (sauf *aller*) + *cueillir, ouvrir, offrir...*		Verbes en *-ir* (*-issant*)		Verbes en *-endre, -rdre*		Autres verbes	
louer		**saisir**		**tendre**		**vivre**	
je	lou-e	je	saisi-s	je	tend-s	je	vi-s
tu	lou-es	tu	saisi-s	tu	tend-s	tu	vi-s
il/elle/on	lou-e	il/elle/on	saisi-t	il/elle/on	tend	il/elle/on	vi-t
nous	lou-ons	nous	sais-issons	nous	tend-ons	nous	viv-ons
vous	lou-ez	vous	sais-issez	vous	tend-ez	vous	viv-ez
ils/elles	lou-ent	ils/elles	sais-issent	ils	tend-ent	ils/elles	viv-ent

Attention ! **Certains verbes ont un radical qui change** :
venir → je ***viens****, nous* ***venons****, ils* ***viennent***
faire → je ***fais****, nous* ***faisons****, ils* ***font***
devoir → je ***dois****, nous* ***devons****, ils* ***doivent***
dire → je ***dis****, vous* ***dites****, ils* ***disent***
pouvoir → il ***peut****, nous* ***pouvons****, ils* ***peuvent***
aller → il ***va****, nous* ***allons****, ils* ***vont***

Les verbes en *-indre* et *-soudre* perdent le *d* : *joindre → je* ***joins****, nous* ***joignons****.*

Je m'exerce

1 **Conjuguez les verbes suivants au présent de l'indicatif aux personnes indiquées.**

je / nous	tu / vous	il ou elle / ils ou elles
palpiter	savoir	écrire ....
jeter	être	frémir ....
peindre	pouvoir	rendre ....
fuir	combattre	joindre ....

2 **Conjuguez les verbes entre parenthèses au présent de l'indicatif.**

Les coureurs .... *(s'élancer)* à vive allure sur la route de Saint-Claude. Je les .... *(suivre)* un moment ; le compteur de la voiture .... *(marquer)* trente-huit kilomètres à l'heure… La foule se .... *(se trouver)* près de la ligne blanche qui .... *(barrer)* la route au point culminant.

Le huit .... *(passer)* le premier. Il .... *(porter)* un maillot blanc sans emblème de club. Le peloton .... *(suivre)* à deux minutes.

D'après Roger Vailland, *325 000 francs*, Corréa, 1955.

3 Retrouvez l'infinitif des verbes conjugués à l'indicatif présent.

Ils vont • il peut • je prends • il faut • ils voient • tu veux • nous faisons • vous dites • il va • cela vaut mieux.

....

Je lis et je m'exprime

4 Lisez ce texte et répondez aux questions.

Balayant vivement de leur raie noire toute l'étendue de la vitre, se succèdent sans interruption les poteaux de ciment ou de fer; montent, s'écartent, redescendent, reviennent, s'entrecroisent, se multiplient, se réunissent, rythmés par leurs isolateurs, les fils téléphoniques.

Michel Butor, *La Modification*, © Éditions de Minuit, 1957.

a. Relevez les verbes au présent de l'indicatif dans ce texte et donnez leur infinitif.

....

....

....

....

....

b. Quel est l'effet produit?

....

....

....

5 Complétez la biographie de Michel Butor en employant le présent de l'indicatif.

Il .... *(naître)* dans le Nord en 1926. Il .... *(suivre)* des études littéraires à Paris, puis .... *(enseigne)* au lycée. En 1957, il .... *(publier)* le roman *La Modification*, qu'il .... *(écrire)* à la deuxième personne du pluriel. Il .... *(mourir)* en 2016.

6 Réécriture. Réécrivez le texte suivant en conjuguant les verbes au présent de l'indicatif.

C'était midi. Les voyageurs montaient dans l'autobus. On était serré. Un jeune monsieur portait sur sa tête un chapeau qui était entouré d'une tresse et non d'un ruban. Il avait un long cou. Il se plaignait auprès de son voisin des heurts que ce dernier lui infligeait. Dès qu'il apercevait une place libre, il se précipitait vers elle et s'y asseyait.

Je l'apercevais plus tard, devant la gare Saint-Lazare. Il se vêtait d'un pardessus et un camarade qui se trouvait là lui faisait cette remarque: il fallait mettre un bouton supplémentaire.

Raymond Queneau, *Exercices de style*, Gallimard, 1947.

....

....

....

....

....

....

....

....

....

....

7 À vos plumes!

Composez un dialogue, au présent de l'indicatif, entre un inventeur et un(e) journaliste qui lui pose des questions à propos de sa dernière création.

Compétences validées

	☹	😐	☺
J'ai employé essentiellement le présent de l'indicatif.			
J'ai respecté les règles de présentation du dialogue.			

Je retiens

Les emplois du présent de l'indicatif

Le présent d'énonciation (ou d'actualité) correspond au moment où l'on parle.	**Le présent d'habitude** exprime une action qui se répète.	**Le présent de vérité générale** énonce un fait toujours valable.	**Le présent de narration** s'utilise dans un récit au passé pour rendre une scène plus vivante.

Attention ! **Le présent peut aussi exprimer** une action qui vient juste de se terminer dans **un passé proche** ou une action qui va se produire dans **un futur proche**.

Je m'exerce

8 Reliez les phrases à l'emploi du présent qui correspond.

L'eau bout à cent degrés. •
Il lit le journal durant ses trajets quotidiens en métro. •
Les souvenirs qui prennent forme sous ma plume concernent des faits de ma petite enfance. •
J'y pense depuis cette nuit ! •
Tu termines ton exercice avant de te reposer. •
La jeune fille se coiffait, quand l'inconnu fait irruption dans sa chambre. •

• Passé proche
• Présent d'habitude
• Futur proche
• Présent de vérité générale
• Présent d'énonciation
• Présent de narration

9 Soulignez les verbes au présent de l'indicatif dans les extraits suivants et précisez leur emploi.

Texte a

Le 4 octobre dernier, à la fin d'un de ces après-midi tout à fait désœuvrés et très mornes, comme j'ai le secret d'en passer, je me trouvais rue Lafayette. [...] J'observais sans le vouloir des visages, des accoutrements, des allures [...]. Tout à coup, alors qu'elle est peut-être encore à dix pas de moi, venant en sens inverse, je vois une jeune femme, très pauvrement vêtue, qui, elle aussi, me voit ou m'a vu. Elle va la tête haute, contrairement à tous les autres passants. Si frêle qu'elle se pose à peine en marchant.

André Breton, *Nadja*, Gallimard, 1928.

Texte b

Jacques commença l'histoire de ses amours. C'était l'après-dînée : il faisait un temps lourd ; son maître s'endormit. [...]

Vous voyez, lecteur, que je suis en beau chemin, et qu'il ne tiendrait qu'à moi de vous faire attendre un an, deux ans, trois ans, le récit des amours de Jacques...

Denis Diderot, *Jacques le fataliste*, 1780.

....

....

....

....

10 Repérez les verbes au présent de l'indicatif et donnez leur infinitif. Pourquoi le présent est-il employé ?

Dans une fente, un livre ; j'en vois le dos, je m'écorche les ongles à essayer de le retirer. Enfin, avec l'aide de la règle, en cassant un pupitre, j'y arrive ; je tiens le volume et je regarde le titre : ROBINSON CRUSOÉ.

Jules Vallès, *L'Enfant*, 1878

....

....

....

....

....

Je lis et je m'exprime

11 Lisez ce texte et répondez aux questions.

J'écrirai mes souvenirs comme ils viennent, sans chercher à les ordonner. [...]. C'est ainsi que je suis resté longtemps convaincu d'avoir gardé le souvenir de l'entrée des Prussiens à Rouen :

C'est la nuit. On entend la fanfare militaire, et du balcon de la rue de Crosne où elle passe, on voit les torches résineuses fouetter d'inégales lueurs les murs étonnés des maisons...

Ma mère à qui, plus tard, j'en reparlai, me persuada que d'abord, en ce temps, j'étais beaucoup trop jeune pour en avoir gardé quelque souvenir [...] Mon souvenir devait être des « retraites aux flambeaux ».

André Gide, *Si le grain ne meurt*, Gallimard, 1918.

a. Dans le premier paragraphe, soulignez le verbe au présent de l'indicatif et précisez son emploi.

....

....

b. Dans le deuxième paragraphe, quel est le temps dominant ? Quel est son emploi ici ?

....

....

....

c. Que souhaite montrer le narrateur ?

....

....

....

12 Écrivez trois phrases en exprimant l'emploi du présent de l'indicatif indiqué.

1. Présent de vérité générale → ....

2. Présent d'habitude → ....

3. Présent d'énonciation → ....

13 Dictée préparée. Lisez ce texte et répondez aux questions.

Quand j'ouvrais *Le Matin*, l'effroi me glaçait. Une histoire entre toutes me frappa. Je me rappelle encore son titre : « Du vent dans les arbres ». Un soir d'été, une malade, seule au premier étage d'une maison de campagne, se tourne et se retourne dans son lit ; par la fenêtre ouverte, un marronnier pousse ses branches dans la chambre. Au rez-de-chaussée plusieurs personnes sont réunies, elles causent et regardent la nuit tomber sur le jardin. Tout à coup quelqu'un montre le marronnier : « Tiens, tiens ! Mais il y a donc du vent ? » On s'étonne, on sort sur le perron : pas un souffle ; pourtant le feuillage s'agite.

Jean-Paul Sartre, *Les Mots*, Gallimard, 1964.

a. Observez les temps dans les trois premières phrases et justifiez l'emploi du présent.

....

....

b. Justifiez la terminaison des verbes soulignés et précisez l'emploi du présent.

....

....

....

....

....

....

c. Écrivez le texte sous la dictée de votre professeur.

14 À vos plumes !

Écrivez votre autobiographie.
Commencez par une réflexion, au présent, sur la difficulté d'écrire, puis rapportez en employant le présent de narration un épisode de votre enfance qui vous a marqué(e).

Compétences validées

	☹	😐	☺
J'ai évoqué au présent la difficulté d'écrire.			
J'ai raconté un souvenir d'enfance en employant le présent de narration.			
J'ai utilisé des phrases correctes.			

14

L'impératif présent

Je retiens

L'impératif est le mode de l'**injonction** (l'ordre et ses variantes). Il se caractérise par l'**absence de sujet** (*Écoute!*) et **se conjugue seulement à trois personnes** (2e personne du singulier, 1re et 2e personnes du pluriel).

Personnes / Terminaisons	Verbes en *-er*	Verbes en *-ir*	Autres verbes
2e personne du singulier	-e	-is	-s
1re personne du pluriel	-ons	-issons	-ons
2e personne du pluriel	-ez	-issez	-ez

Attention! **Certains verbes changent de radical**:
être → ***sois, soyons, soyez*** *avoir* → ***aie, ayons, ayez*** *savoir* → ***sache, sachons, sachez*** *aller* → ***va, allons, allez***

L'impératif présent exprime

- **l'ordre, la défense** — *Sortez! Ne restez pas là!*
- **l'exhortation** — *Insistez !*
- **la prière** — *Espérons en l'avenir.*
- **le conseil** — *Profitez des vacances.*

Attention! Avec les pronoms adverbiaux *en* et *y*, les verbes terminés par ***-er*** ainsi que *aller* prennent un **-s** pour **faciliter** la prononciation: *manges-en, vas-y.*

Je m'exerce

1 **Dans cet extrait, soulignez les verbes à l'impératif présent, indiquez leur infinitif et précisez la personne employée.**

ESTRAGON. – Allons-y. Rasseyez-vous, monsieur, je vous en prie.
POZZO. – [...] Insistez un peu.
ESTRAGON. – Mais voyons, ne restez pas debout comme ça, vous allez attraper froid.

Samuel Beckett, *En attendant Godot*,
© Les Éditions de Minuit, 1952.

....
....
....
....
....
....
....

2 **Conjuguez les verbes suivants à l'impératif présent et à toutes les personnes existantes.**

1. accélérer → ....
2. ralentir → ....
3. conduire → ....
4. s'arrêter → ....

3 **Dans les extraits suivants, soulignez les verbes à l'impératif et précisez leur emploi.**

1. «Allons, Flipote, allons, que d'eux je me délivre. [...] → ....
Laissez, ma bru, laissez, ne venez pas plus loin.» (Molière) → ....
2. «Va, cours, vole et nous venge.» (Pierre Corneille) → ....
3. «Mettez-y tout, flanquez-y tout, fichez-y tout. Cassez la maison.» (Victor Hugo) → ....

4 **Réécrivez les droits du lecteur soulignés en employant l'impératif présent.**

Les droits imprescriptibles du lecteur

1. Le droit de ne pas lire.
2. Le droit de sauter des pages.
3. Le droit de ne pas finir un livre.
4. Le droit de relire.
5. Le droit de lire n'importe quoi.
6. Le droit au bovarysme (maladie textuellement transmissible).
7. Le droit de lire n'importe où.
8. Le droit de grappiller.
9. Le droit de lire à haute voix.
10. Le droit de nous taire.

Daniel Pennac,
Comme un roman, Gallimard, 1992.

Je lis et je m'exprime

5 **Lisez le texte suivant et répondez aux questions.**

Pour un art poétique

Prenez un mot prenez-en deux
faites-les cuir' comme des œufs
prenez un petit bout de sens
puis un grand morceau d'innocence
faites chauffer à petit feu
au petit feu de la technique
versez la sauce énigmatique
saupoudrez de quelques étoiles
poivrez et puis mettez les voiles

où voulez-vous en venir ?
À écrire
Vraiment ? à écrire ? ?

Raymond Queneau.
Le Chien à la mandoline, Gallimard, 1958.

a. Quel est le mode dominant utilisé dans le poème ? Quel est son emploi ici ?

b. Quelle est l'intention du poète ?

6 **Réécriture. Réécrivez la recette de la mousse au chocolat en employant l'impératif présent à la deuxième personne du pluriel.**

Faire bouillir la crème. La verser sur le chocolat pour le faire fondre. Incorporez les jaunes d'œufs et le sucre. Mélanger au fouet. Monter les blancs d'œufs en neige. Ajouter délicatement les blancs à la préparation. Verser dans une jatte. Laisser reposer au frais. Déguster.

7 **À vos plumes !**

En vous inspirant du style de la recette de cuisine (exercice 6), écrivez en prose ou en vers la recette du bonheur. Vous utiliserez au moins six verbes à l'impératif.

Compétences validées	☹	😐	☺
J'ai construit des phrases correctes.			
J'ai correctement employé l'impératif.			
J'ai fait preuve d'originalité.			

15

Le futur de l'indicatif

Je retiens

Le futur se forme le plus souvent à partir de l'**infinitif** du verbe, auquel on ajoute les **terminaisons** indiquées en rouge dans le tableau suivant :

je	tu	il / elle / on	nous	vous	ils / elles
parler-ai	parler-as	parler-a	parler-ons	parler-ez	parler-ont

Attention ! **Il existe des cas particuliers à connaître** :

- Les verbes ***appeler*** et ***jeter*** doublent leur consonne : *appeler → nous appellerons ; jeter → nous jetterons*
- Les verbes en ***-yer*** transforment le ***y*** en ***i*** : *essayer → nous essaierons* mais *envoyer* change de radical → *nous enverrons.*
- Certains verbes changent de radical : *aller → tu **iras**, avoir → tu **auras**, être → tu **seras**, faire → tu **feras**, falloir → il **faudra**, tenir → tu **tiendras**, valoir → tu **vaudras**, venir → tu **viendras**, vouloir → tu **voudras**, pouvoir → tu **pourras**.*
- ***Cueillir*** → *je cueillerai.*
- ***Courir***, ***mourir*** et ***acquérir*** doublent leur ***-r*** → *j'acquerrai.*

Le futur simple **s'emploie pour exprimer** :

Une action à venir	Une hypothèse	Un ordre, un conseil, une menace ou une interdiction
L'action n'a pas encore eu lieu au moment où l'on parle, mais est présentée comme certaine (valeur temporelle). *Demain, je **prendrai** l'avion pour New York.*	Dans une proposition principale associée à une proposition subordonnée. *Si tu travailles sérieusement, tu **réussiras**.*	Le futur se rapproche de l'emploi de l'impératif (valeur modale). *Vous **fermerez** la porte à clé quand vous partirez.*

Je m'exerce

1 Indiquez, pour chaque forme verbale, l'infinitif du verbe.

1. Nous courrons → .... **2.** Vous voudrez → .... **3.** Tu feras → .... **4.** Ils iront → ....
5. Je saurai → .... **6.** Il faudra → .... **7.** Nous verrons → .... **8.** Vous pourrez → ....

2 Conjuguez au futur les verbes entre parenthèses.

1. Quand nous vous .... *(appeler)*, vous .... *(aller)* vous présenter à l'accueil. **2.** Je t'........................... *(envoyer)* de mes nouvelles à la fin du mois et .... *(venir)* te rendre visite pendant les vacances. **3.** Il .... *(acheter)* les billets pour le spectacle dès qu'il .... *(être)* certain d'être disponible. **4.** Tu me le .... *(payer)* ! **5.** James Bond ne .... *(mourir)* jamais. **6.** Nous .... *(faire)* tout ce que nous .... *(pouvoir)* pour que justice soit rendue. **7.** Ils vous .... *(accueillir)* avec plaisir. **8.** Si la situation continue de se dégrader, je .... *(jeter)* l'éponge ! **9.** Quand tu .... *(savoir)* ce qui m'est arrivé, tu n'en .... *(revenir)* pas !
10. On .... *(voir)* demain s'il neige ou pas.

3 Reliez chaque énoncé à l'emploi du futur qui correspond.

Tu viendras me voir à la fin de l'heure. •
Je réfléchirai à la question plus tard. •
Si vous vous montrez polis, votre demande sera acceptée. •
Vous ne vous en sortirez pas aussi facilement. •

• hypothèse
• ordre
• menace
• action à venir

4 Complétez les phrases suivantes par une proposition au futur.

1. Je suis certain que ....
2. Quand tu auras fini de faire la tête, ...
3. Aujourd'hui, vous manquez encore d'assurance ; demain, ...
4. Un tien vaut mieux que ....

Je lis et je m'exprime

5 Lisez ce texte et répondez aux questions.

« J'étais là avant vous, dit brusquement Penellan à André Vasling. Pourquoi avez-vous pris ma place ?

– Par la raison qui vous fait la réclamer, répondit André Vasling, parce que j'ai besoin de faire cuire mon souper !

– Vous enlèverez cela tout de suite, répliqua Penellan, ou nous verrons !

– Nous ne verrons rien, répondit André Vasling, et ce souper cuira malgré vous !

– Vous n'y goûterez donc pas ! » s'écria Penellan.

Jules Verne, *Un hivernage dans les glaces*, 1855.

a. Soulignez tous les verbes au futur. Pourquoi ne sont-ils présents que dans les passages de discours direct ?

....

....

....

....

b. Relevez un verbe dans lequel le futur exprime une action à venir, et un autre dans lequel il exprime une menace. Que révèle l'emploi du futur à propos des relations entre Penellan et André Vasling ?

....

....

6 Lisez ce texte et répondez aux questions.

Claire. – Tu es lâche. Obéis-moi. Nous sommes tout au bord, Solange. Nous irons jusqu'à la fin. Tu seras seule pour vivre nos deux existences. Il te faudra beaucoup de force. Personne ne saura au bagne que je t'accompagne en cachette. [...] Nous serons belles, libres et joyeuses, Solange, nous n'avons plus une minute à perdre. Répète avec moi...

Solange. – Parle, mais tout bas.

Claire, *mécanique*. – Madame devra prendre son tilleul.

Jean Genet, *Les Bonnes*, Gallimard, 1947.

a. Quel rapport de force s'établit entre Claire et Solange ?

....

....

....

b. Dans quel but Claire emploie-t-elle le futur dans sa première réplique ? Vous appuierez votre réponse sur le relevé et l'analyse de deux verbes différents.

....

....

....

c. Quel est l'emploi du futur dans la dernière réplique ?

....

7 **Employez chacun des verbes suivants dans deux phrases au futur : l'une dans laquelle il exprimera une action ou un fait à venir, l'autre dans laquelle il aura une valeur d'ordre ou de conseil.**

1. ouvrir → ....

→ ....

2. être → ....

→ ....

3. essayer → ....

→ ....

4. venir → ....

→ ....

5. envoyer → ....

→ ....

6. finir → ....

→ ....

7. prendre → ....

→ ....

8 **Réécriture. Réécrivez le texte suivant au futur en faisant les modifications nécessaires pour respecter la cohérence du texte.**

La société de demain est celle du progrès scientifique. Les avancées techniques permettent en effet de concevoir de nouvelles inventions qui facilitent le quotidien des êtres humains. Imaginez des voitures qui volent dans le ciel ! De plus, les chercheurs en biologie mettent au point des traitements efficaces et certaines maladies disparaissent. L'homme est donc promis à un avenir radieux.

....

....

....

....

....

....

....

....

....

9 **À vos plumes !**

Imaginez l'habitation dans laquelle vous souhaiteriez vivre à l'âge adulte. Décrivez-la au futur de l'indicatif en précisant chacune de ses particularités : aspect extérieur, aménagement intérieur, décoration, fonctionnalité...

Compétences validées

	☹	😐	☺
Les formes du futur sont correctement orthographiées.			
J'ai utilisé différents emplois du futur.			
Ma description permet de se représenter les lieux.			

16

Le subjonctif : présent, imparfait et passé

Je retiens

Le subjonctif est **un mode exprimant la possibilité**. Il se construit avec la conjonction ***que***.

Le **subjonctif présent** exprime un souhait, un ordre ou une incertitude concernant une **action non encore accomplie** au moment où l'on s'exprime : *Je souhaite **qu'elle me parle**. **Qu'ils viennent** immédiatement !*

***que* + sujet** + **radical** de la 3e personne du pluriel de l'indicatif présent + -e ; -es ; -e ; -ions ; -iez ; -ent

*parler → ils **parlent** → que je parle* *agir → ils **agissent** → que tu agisses*
*prendre → ils **prennent** → que nous prenions.*

• **Certains verbes changent de radical au subjonctif** :

*savoir → que je **sache*** *vouloir → que je **veuille*** *aller → que j'**aille***
*faire → que je **fasse*** *pouvoir → que je **puisse*** *valoir → que je **vaille***

• **Retenez les formes des verbes *avoir* et *être*.**

***avoir :** que j'aie, que tu aies, qu'il / elle / on ait, que nous ayons, que vous ayez, qu'ils / elles aient.*
***être :** que je sois, que tu sois, qu'il / elle / on soit, que nous soyons, que vous soyez, qu'ils / elles soient.*

Le **subjonctif passé** exprime un souhait ou une incertitude concernant une **action supposée accomplie** au moment où l'on s'exprime : *Je doute **que tu aies écouté** tout ce que je t'ai dit.*

que* + sujet** + auxiliaire ***avoir ou ***être*** au subjonctif présent + **participe passé du verbe**

parler → que j'aie parlé *agir → que tu aies agi* *venir → qu'il soit venu*

Ne confondez pas le subjonctif passé et le subjonctif présent au passif.
Qu'il soit allé = subjonctif passé *Qu'il soit pris* = subjonctif présent, forme passive ↘ Actif et passif, p. 52

Le **subjonctif imparfait** exprime un souhait ou une incertitude concernant une **action non encore réalisée** par rapport à une action principale au passé : *Il fallait absolument **qu'elle le sût**.*

***que* + sujet** + **radical** de la 3e personne du singulier du passé simple + -sse ; -sses ; -^t ; -ssions ; -ssiez ; -ssent

parler → il parla → que je parlasse *agir → il agit → qu'ils agissent* *prendre → il prit → qu'il prît*

• **Retenez les formes des verbes *avoir* et *être*.**

***avoir :** que j'eusse, que tu eusses, qu'il / elle / on eût, que nous eussions, que vous eussiez, qu'ils / elles eussent.*
***être :** que je fusse, que tu fusses, qu'il / elle / on fût, que nous fussions, que vous fussiez, qu'ils / elles fussent.*

Le **subjonctif plus-que-parfait** exprime un souhait ou une incertitude concernant une action antérieure à une action passée : *J'espérais que tu l'eusses salué avant de partir.*

que* + sujet** + auxiliaire ***avoir ou ***être*** au subjonctif imparfait + **participe passé du verbe**

parler → que j'eusse parlé *agir → que tu eusses agi* *prendre → qu'il eût pris*

Ce temps, rarement utilisé, est le plus souvent remplacé par le passé du subjonctif.

Je m'exerce

1 Indiquez si la proposition introduite par la conjonction *que* doit être à l'indicatif ou au subjonctif.

1. Il est inutile que... → ....

2. Jules nous expliquait que... → ....

2 Soulignez les formes verbales au subjonctif en fonction de leur temps : le présent en bleu, le passé en rouge, l'imparfait en vert et le plus-que-parfait en noir.

1. « Périsse mon amour, périsse mon espoir, Plutôt que de ma main parte un crime si noir ! » (Pierre Corneille)

2. Nous aurions souhaité qu'ils se fussent habillés plus élégamment.

3. « Et que faisions-nous pendant ce temps ? Le pis que nous pussions faire. » (Franz Kafka)

4. Pourvu que je n'aie pas oublié de vous transmettre ce courrier...

5. « Ils cessèrent parce qu'ils ne voulaient pas que les autres enfants se moquassent d'eux. » (Raymond Queneau)

6. Il fallait absolument qu'il eût terminé ses cartons avant l'arrivée des déménageurs.

3 Transposez, quand c'est possible, les formes du subjonctif présent au subjonctif imparfait.

1. Hélène tenait à ce que je vienne à sa fête d'anniversaire. ....

2. J'avais très peur qu'il me dérobe tous mes bijoux. ....

3. Pourquoi vouliez-vous absolument qu'elles suivent des cours de violon ? ....

4. Il fallait que vous soyez fous pour refuser une telle offre ! ....

5. J'aimerais qu'il ait davantage de répondant. ....

4 Complétez les phrases suivantes avec le bon auxiliaire. Faites attention à la concordance des temps.

soient • fusse • ayons • ayez • eusses • eût.

1. Je n'étais pas sûr qu'elle .... cédé, malgré son insistance.

2. Tu doutes que tes sœurs .... parties sans prévenir.

3. Cela m'étonnerait que vous .... été surpris par sa réaction.

4. Il fallait que tu .... été poussé à bout pour ta mettre dans une telle colère.

5. Personne ne croit que nous .... écrit ces insultes.

6. Il aurait été préférable que je .... informé de cela.

5 Conjuguez les verbes entre parenthèses au subjonctif plus-que-parfait.

1. Pierre voulait absolument que nous .... (*arriver*) avant les autres invités.

2. Il aurait fallu que vous .... (*finir*) les travaux plus rapidement.

3. J'aurais beaucoup aimé que tu .... (*faire*) un bon dessert pour ce soir.

4. Il se pourrait bien que je .... (*partir*) demain matin.

5. Ses parents auraient souhaité que Léa se .... (*se lever*) plus tôt.

6 Complétez chaque amorce de phrase en employant le temps du subjonctif indiqué.

1. Quand nous reviendrons, il faudra que .... (*passé*).

2. À l'époque, nous espérions vivement que .... (*plus-que-parfait*).

3. Avant de te mettre en colère, il aurait fallu que .... (*imparfait*).

4. J'aimerais que .... (*présent*).

5. Ces deux amis voulaient toujours que .... (*imparfait*).

6. J'aurais tant espéré que .... (*plus-que-parfait*).

7. Désirez-vous vraiment que .... ? (*présent*)

Je lis et je m'exprime

7 Lisez ce texte et répondez aux questions.

Complainte amoureuse

[...] Ah! fallait-il que je vous visse,
Fallait-il que vous me plussiez,
Qu'ingénument je vous le disse,
Qu'avec orgueil vous vous tussiez!
Fallait-il que je vous aimasse,
Que vous me désespérassiez
Et qu'en vain je m'opiniâtrasse,
Qu'à vos pieds je me prosternasse,
Pour que vous m'assassinassiez!

Alphonse Allais, «Complainte amoureuse», 1888.

a. À quel temps du subjonctif les verbes placés à la rime sont-ils conjugués? Pourquoi?

....

....

b. Qui est le locuteur? À qui s'adresse-t-il?

....

c. En quoi peut-on dire que le ton du texte est comique?

....

....

....

8 Employez chacun des verbes suivants dans une phrase au temps et à la personne indiqués.

1. Obtenir *(subjonctif imparfait, 3e personne du singulier)*

....

2. Tomber *(subjonctif présent, 2e personne du singulier)*

....

3. Comprendre *(subjonctif passé, 2e personne du pluriel)*

....

4. Blêmir *(subjonctif présent, 1re personne du pluriel)*

....

5. Être *(subjonctif imparfait, 1re personne du singulier)*

....

9 Réécriture. Réécrivez le texte d'Alphonse Allais (exercice 7) au subjonctif présent en commençant par: «Ah! faut-il que...».

....

....

....

....

....

....

....

....

....

À noter

Pour les verbes en ***-er*** et certains verbes en ***-ir***, les trois personnes du singulier et la 1re personne du pluriel **du présent du subjonctif** sont identiques à celles **du présent de l'indicatif**.

10 À vos plumes!

Vous avez oublié un rendez-vous important. Rédigez un mot d'excuse commençant ainsi: «Madame/Monsieur, il faut que je vous explique la raison de mon absence à notre rendez-vous». Vous emploierez au moins deux temps différents du subjonctif.

Compétences validées

	☹	😐	☺
J'ai employé deux temps différents du subjonctif.			
J'ai correctement conjugué les verbes au subjonctif.			
J'ai développé au moins trois motifs d'absence différents.			

17 Le conditionnel présent

Je retiens

Pour former le conditionnel présent, on prend **le même radical qu'au futur**, et on ajoute les **terminaisons de l'imparfait**.

je	tu	il / elle / on	nous	vous	ils / elles
parler-**ais**	parler-**ais**	parler-**ait**	parler-**ions**	parler-**iez**	parler-**aient**

On emploie le conditionnel présent pour

- exprimer une **possibilité**, un **souhait**, un **rêve**. *La vie **serait** facile dans un monde où règne l'égalité.*
- exprimer le **futur dans le passé**. *Il pensait souvent que la vie **serait** facile dans un monde où **règnerait** l'égalité.*
- formuler une **demande polie**. ***Pourriez**-vous me conseiller un roman de science-fiction, s'il vous plaît ?*
- exprimer une **hypothèse**, après une proposition subordonnée circonstancielle de condition. *Si l'égalité régnait sur terre, la vie **serait** bien meilleure.*

Je m'exerce

Comparons nos langues

Le saviez-vous ? En espagnol, le conditionnel se forme de la même manière qu'en français. On ajoute à la base verbale du futur les terminaisons de l'imparfait.

1 ★ **Entourez les intrus dans chaque liste. Justifiez votre choix.**

1. finirait • appartiendrons • seriez • marchais • partiraient
....
2. dessiniez • aurions • nagerais • irait • irai
....
3. feront • crierait • courais • sauriez • naîtraient
....

2 ★ **Indiquez l'infinitif de chaque verbe et la personne à laquelle il est conjugué. Attention : une forme peut correspondre à deux personnes.**

1. feraient → Ils auraient fait
2. courrions → Nous aurions couru
3. saurais → J'aurais ~~sait~~ su
4. viendrait → Il serait venu
5. jetteriez → Vous auriez jetté
6. tiendrais → J'aurais tenu
7. colorieraient → Ils auraient colorié
8. voudriez → Vous auriez voulu
9. irions → Nous ~~aurions~~ serions allés
10. pourrait → Il aurait pu
11. serais → J'aurais ~~su~~ été
12. aurions → J'aurais eu

3 ★★ **Soulignez les verbes au conditionnel présent et justifiez leur emploi dans chaque phrase.**

1. Accepteriez-vous de nous présenter votre projet de ville idéale ? → ....
2. Mes grands-parents m'ont raconté comment on imaginait le futur quand ils étaient enfants : les voitures voleraient, des robots effectueraient toutes les tâches ménagères et les vêtements seraient argentés. →
....
3. Nous rédigeons un récit de science-fiction où l'homme vivrait davantage en harmonie avec la nature. →
....
4. Si la recherche scientifique progressait encore, pourrions-nous diminuer efficacement la pollution ? →
....

Je lis et je m'exprime

4 **En binômes, un(e) élève commence une phrase avec une proposition subordonnée circonstancielle de condition à l'imparfait, le (la) second(e) termine la phrase avec un verbe conjugué au conditionnel. Inversez ensuite les rôles.**
Exemple : Élève A ⇨ Si tu m'invitais à dîner ce soir… / Élève B ⇨ … je ferais un gâteau !

> **À noter**
> Quand on exprime une **hypothèse au conditionnel présent**, le verbe de la subordonnée circonstancielle de condition se conjugue à l'imparfait.

5 **Lisez le texte suivant et répondez aux questions.**

> La vie, là, serait facile, serait simple […]. Une femme de ménage serait là chaque matin. On viendrait livrer, chaque quinzaine, le vin, l'huile, le sucre. Il y aurait une cuisine vaste et claire, […] une belle table en bois blanc au centre, des tabourets, des bancs. Il serait agréable de venir s'y asseoir, chaque matin, après une douche, à peine habillé. […] Il serait tôt. Ce serait le début d'une longue journée de mai.
>
> Georges Perec, *Les Choses*, Julliard, 1965.

a. Soulignez les verbes conjugués au conditionnel présent dans ce texte.

b. Pourquoi le narrateur emploie-t-il le conditionnel présent dans cet extrait ? Quel(s) sentiment(s) sont évoqués ?

……………………………………………………………

……………………………………………………………

……………………………………………………………

……………………………………………………………

……………………………………………………………

c. Proposez une lecture à voix haute de ce passage qui mette en valeur les sentiments que vous avez identifiés.

6 **Sur une feuille libre, rédigez une phrase pour chacun des emplois du conditionnel.** Ensuite, échangez vos phrases avec votre voisin : chacun devra retrouver à quel emploi correspondent les phrases de l'autre.

7 **Réécriture. Pour retrouver le texte d'origine, réécrivez ce passage en conjuguant les verbes soulignés au conditionnel présent.**

> Leur appartement <u>est</u> rarement en ordre mais son désordre même <u>est</u> son plus grand charme. Ils s'en <u>occupent</u> à peine : ils y <u>vivent</u>. […] Ils <u>travaillent</u> longtemps. Puis ils <u>dînent</u> ou <u>sortent</u> dîner ; ils <u>retrouvent</u> leurs amis ; ils se <u>promènent</u> ensemble.
>
> D'après Georges Perec, *Les Choses*, Julliard, 1965.

Leur appartement serait rarement en ordre mais son désordre même serait son plus grand charme. Ils s'en ~~auraient~~ occuperaient à peine : ils y ~~auraient~~ vivraient. Ils ~~trav auraient~~ travailleraient longtemps. Puis ils ~~dîn auraient~~ dîneraient ou sortiraient dîner ; ils ~~auraient~~ retrouveraient leurs amis ; ils se ~~auraient~~ promèneraient ensemble.

8 **À vos plumes !**

À la manière de Georges Perec (exercice 5), rédigez un court texte dans lequel vous évoquerez votre vie idéale. Vous emploierez le conditionnel présent et varierez le plus possible les sujets.
Vous commencerez votre texte par « La vie, là, serait… »

Compétences validées

	☹	😐	☺
J'ai conjugué correctement les verbes au conditionnel présent.			
J'ai varié les verbes et les sujets.			
J'ai proposé au moins cinq éléments pour ma définition du bonheur.			

18 Le passé simple et l'imparfait

Je retiens

Conjugaison de l'imparfait

Il se construit avec le **radical du verbe au présent de l'indicatif à la 1re personne du pluriel** auquel on ajoute les **terminaisons** suivantes, qui sont **les mêmes pour tous les verbes** :

je	tu	il / elle / on	nous	vous	ils / elles
-ais	-ais	-ait	-ions	-iez	-aient

chanter → nous chantons → je chantais (imparfait)
dormir → nous dormons → elle dormait (imparfait)
prendre → nous prenons → vous preniez (imparfait)

Attention ! Pour les verbes en ***-ir*** qui se terminent en ***-issons*** à la 1re personne du pluriel du présent de l'indicatif, on ajoute ***-ss*** entre le radical et la terminaison : *il applaudissait*.

Conjugaison du passé simple

Il se construit en ajoutant au radical du verbe au présent de l'indicatif les terminaisons suivantes :

L'infinitif se termine par

-er *chercher, marcher, nager...*	***-enir*** *tenir, venir, obtenir...*	**les autres lettres** *voir, lire, prendre...*	
a	**in**	**i**	**u**
je cherch-**ai**	je t-**ins**	je v-**is**	je l-**us**
tu cherch-**as**	tu t-**ins**	tu v-**is**	tu l-**us**
il / elle cherch-**a**	il / elle t-**int**	il / elle v-**it**	il / elle l-**ut**
nous cherch-**âmes**	nous t-**înmes**	nous v-**îmes**	nous l-**ûmes**
vous cherch-**âtes**	vous t-**întes**	vous v-**îtes**	vous l-**ûtes**
ils / elles cherch-**èrent**	ils / elles t-**inrent**	ils / elles v-**irent**	ils / elles l-**urent**

Attention ! **Certains verbes ont un radical différent :**

*être → je **fus*** *avoir → j'**eus*** *pouvoir → je **pus*** *savoir → je **sus***

Certaines confusions sont possibles avec d'autres temps à cause d'une prononciation ou d'une forme identique : *je parlai (passé simple) ≠ je parlais (imparfait), je dis (présent) ≠ je dis (passé simple).*

Je m'exerce

1 **Dans le texte suivant, soulignez les verbes conjugués à l'imparfait et entourez ceux conjugués au passé simple.**

La Petite Tailleuse n'avait pas sa grande et longue natte habituelle et, dans sa course, ses cheveux tombant librement sur ses épaules flottaient dans le vent, comme une aile. Du regard, je cherchai en vain le corbeau à bec rouge, et lorsque mes yeux se posèrent de nouveau sur mes amis, la Petite Tailleuse avait disparu. Ne restait plus que Luo, non pas à califourchon, mais à genoux au milieu du passage, les yeux rivés sur le gouffre de droite. Il sembla me crier quelque chose, tourné vers le fond du précipice, mais je n'entendis rien.

Dai Sijie, *Balzac et la Petite Tailleuse chinoise*, Gallimard, 2000.

2 **Conjuguez à l'imparfait les verbes entre parenthèses.**

1. Nous .... *(vouloir)* que les choses changent.

2. Tu .... *(être)* le plus grand de ta classe.

3. Paul et toi .... *(parier)* toujours sur le mauvais cheval.

À noter

Il ne faut pas confondre présent et imparfait pour les verbes en *-ier* ou *-yer* : **Présent** : *nous envoyons, vous riez.* **Imparfait** : *nous envoyions; vous riiez.*

3 Employez chacun des verbes dans une phrase au temps et à la personne indiqués.

1. Porter (*imparfait, 2e personne du singulier*) → ....
2. Venir (*passé simple, 3e personne du pluriel*) → ....
3. Pouvoir (*passé simple, 1re personne du pluriel*) → ....
4. Finir (*imparfait, 2e personne du pluriel*) → ....
5. Traire (*passé simple, 1re personne du singulier*) → ....
6. Aller (*passé simple, 3e personne du singulier*) → ....

Je lis et je m'exprime

4 Lisez ce texte et répondez aux questions.

Promenade sentimentale

Le couchant dardait ses rayons suprêmes
Et le vent berçait les nénuphars blêmes [...]
Parmi la saulaie où j'errais tout seul
Promenant ma plaie ; et l'épais linceul
Des ténèbres vint noyer les suprêmes
Rayons du couchant dans ses ondes blêmes [...].

Paul Verlaine, *Poèmes saturniens*, 1866.

Comparons nos langues

En **français**, l'emploi du passé simple est en général réservé à l'écrit ; à l'oral, on le remplace par le passé composé. *Je dormis mal* → *J'ai mal dormi.*

En **espagnol**, le passé simple s'emploie à l'oral comme à l'écrit pour exprimer des actions passées révolues. *El año pasado, me rompí la pierna.* (L'an dernier, je me suis cassé la jambe.)

a. Relevez tous les verbes à l'imparfait. Comment les deux premiers donnent-ils de l'importance à la nature ?

....

....

b. Quel est l'unique verbe au passé simple ? Comment est-il mis en valeur ?

....

5 Complétez le texte suivant en conjuguant les verbes soulignés au passé simple.

J'ai fait .... le chemin à pied. J'ai voulu .... voir maman tout de suite. Mais le concierge m'a dit .... qu'il fallait que je rencontre le directeur. Comme il était occupé, j'ai attendu .... un peu. Pendant tout ce temps, le concierge a parlé .... et ensuite, j'ai vu .... le directeur : il m'a reçu .... dans son bureau. [...] Il m'a regardé .... de ses yeux clairs. Puis il m'a serré .... la main qu'il a gardée .... si longtemps que je ne savais trop comment la retirer.

D'après Albert Camus, *L'Étranger*, Gallimard, 1942.

6 Dictée préparée. Lisez ce texte et répondez aux questions.

Prévan [...] prit tour à tour différents tons, pour essayer celui qui pourrait me plaire. Je refusai celui du sentiment, comme n'y croyant pas ; j'arrêtai par mon sérieux sa gaieté qui me parut trop légère pour un début ; il se rabattit sur la délicate amitié ; et ce fut sous ce drapeau banal, que nous commençâmes notre attaque réciproque.

Pierre Choderlos de Laclos, *Les Liaisons dangereuses*, LXXXV, 1782.

a. Soulignez les verbes au passé simple et entourez leurs sujets.

b. Écrivez le texte sous la dictée de votre professeur.

Je retiens

▶ L'imparfait et le passé simple sont utilisés dans des récits pour exprimer **des actions passées**.

Imparfait

- Faits et actions **passés**, **d'arrière-plan**, non délimités dans le temps (non bornés), ou en cours de déroulement.
  *Il **marchait** dans la forêt depuis deux jours.*
- **Répétition** de faits ou d'actions ; **habitude**.
  *Le mercredi après-midi, nous **allions** au cinéma.*
- **Description**.
  *Cette demeure **paraissait** inhabitée.*

Passé simple

- Faits et actions **passés**, **de premier plan**, délimités (bornés) dans le temps.
  *Il **marcha** dans la forêt pendant deux jours.*
- **Succession** de faits ou d'actions dans un récit.
  *Il **ouvrit** la porte de la classe, **entra** et **s'assit** au premier rang.*

Je m'exerce

7 Justifiez l'emploi de l'imparfait dans les phrases suivantes.

1. Je me levais tous les jours à sept heures. → ....

2. Elle avait un adorable grain de beauté sur le menton. → ....

3. Nous dormions profondément quand le téléphone sonna. → ....

8 Conjuguez tous les verbes entre parenthèses au passé simple ou à l'imparfait, selon leur valeur d'emploi.

Jeanne .... (*entrer*) dans l'immeuble et .... (*gravir*) les escaliers quatre à quatre. Comme il .... (*faire*) froid, elle .... (*porter*) un manteau gris qui lui .... (*arriver*) aux chevilles. Une fois dans son appartement, elle .... (*s'étendre*) dans son canapé. Soudain, elle .... (*percevoir*) un frôlement : son chat .... (*venir*) de sauter sur ses genoux.

Je lis et je m'exprime

9 Lisez ce texte et répondez aux questions.

Mon étourdissement se passa, et je m'assis ; mais de temps en temps il recommençait. Je me sentis même une assez grande difficulté de respirer, enfin des pesanteurs, et un accablement total.

La religieuse me tâta le pouls, parut inquiète, ne me dit rien qui m'alarmât, mais me conseilla d'aller me mettre au lit, et sur-le-champ, Mlle Varthon et elle me menèrent chez moi. [...]

À peine sortaient-elles de ma chambre, qu'on m'<u>apporta</u> un billet de Mme de Miran.

Marivaux, *La Vie de Marianne*, 1731-1742.

a. Relevez un verbe à l'imparfait exprimant la répétition. Quel indice vous a permis de répondre ?

....

....

b. Au début du deuxième paragraphe, quel effet produit l'enchaînement de verbes au passé simple ?

....

....

....

c. Pourquoi le verbe souligné dans le texte est-il au passé simple ?

....

10 Réécrivez le texte suivant au passé en respectant les emplois de l'imparfait et du passé simple.

Ils ne peuvent .... plus bouger. Le froid s'enfonce .... en eux, atteint .... les côtes, les poumons. Le docteur tombe .... contre la porte. [...]

Le froid disparaît .... [...] François sent .... ses épaules un peu raides [...]. Mais le docteur Fauque ne se relève .... pas. François le ramasse ...., l'emporte ...., remonte .... l'escalier en courant, suivi de Martin, couche .... le docteur sur le sol, à la lumière. Le visage du docteur garde .... la marque d'une abominable stupeur. Son cœur ne bat .... plus.

D'après René Barjavel, *Ravage*, © Denoël, 1943.

11 Insérez les répliques de ce dialogue de théâtre dans un texte à l'imparfait et au passé simple qui décrira les personnages et précisera leurs actions. Vous donnerez un nom aux personnages et emploierez la ponctuation adéquate.

Le professeur. – Vous avez eu de la peine à trouver la maison ?

L'élève. – Du tout... Pas du tout. Et puis j'ai demandé. Tout le monde vous connaît ici.

Le professeur. – Il y a trente ans que j'habite la ville. Vous n'y êtes pas depuis longtemps ! Comment la trouvez-vous ?

L'élève. – Elle ne me déplaît nullement. C'est une jolie ville, agréable [...].

Eugène Ionesco, *La Leçon*, Gallimard, 1954.

....

....

....

....

....

....

....

....

....

....

12 À vos plumes !

En une dizaine de lignes, imaginez la suite du texte ci-dessous. Vous emploierez essentiellement l'imparfait et le passé simple.

Compétences validées

	☹	😐	☺
J'ai respecté les emplois de l'imparfait et du passé simple.			
J'ai correctement conjugué les verbes.			
J'ai tenu compte des éléments du texte initial.			

Noé avançait à tâtons. Son cœur battait de plus en plus vite à mesure qu'il s'enfonçait dans l'obscurité. Sa main droite s'arrêta sur une sorte de boîtier au centre duquel se trouvait un bouton. Noé appuya dessus. Une rangée de néons clignota, avant d'éclairer le couloir d'une lumière vive.

Noé marcha droit vers une petite porte en bois située à quelques mètres de lui. Il tenta de l'ouvrir ; elle n'était pas fermée à clé.

19 Les temps composés

Je retiens

Les temps composés expriment l'**antériorité par rapport aux temps simples**. Ils sont toujours construits selon ce schéma : **auxiliaire *être* ou *avoir* + participe passé du verbe.**

Temps composé	Temps de l'auxiliaire	Exemple
Passé composé	Présent	*Elle arrive en courant car elle **a raté** son bus ce matin.*
Plus-que-parfait	Imparfait	*Il faisait attention à ce qu'il disait depuis qu'il **avait vexé** son meilleur ami à cause d'une parole maladroite.*
Passé antérieur	Passé simple	*Dès qu'ils **se furent retrouvés**, ils se dirigèrent vers leur restaurant préféré.*
Futur antérieur	Futur	*Demain tu **auras terminé** tes examens.*
Conditionnel passé	Conditionnel présent	*Si la cage était restée ouverte, le canari **se serait envolé**.*
Subjonctif passé	Subjonctif présent	*Cet arbre était le plus ancien de la forêt avant qu'il **soit abattu**.*

Les temps composés expriment :

- une **action accomplie**, vue comme achevée : *Il aura été heureux.*
- une **action antérieure** à celle exprimée au temps simple correspondant.

Je m'exerce

1 Indiquez à quel temps composé sont conjugués les verbes soulignés.

1. Avait-il bien fermé à clé sa voiture ? → ....
2. Je pourrai tout t'expliquer quand tu auras fini de crier. → ....
3. Pourquoi avez-vous hésité aussi longtemps ? → ....
4. Ils eurent bientôt rétabli l'électricité. → ....
5. J'essayais de me souvenir de toutes les œuvres d'art que j'avais vues. → ....
6. Valentin a raté son bus. → ....
7. Dès qu'ils auront pris leur décision, ils nous en feront part. → ....

2 Conjuguez les verbes entre parenthèses au temps composé qui convient.

1. Je sortis de la classe dès que j'........................ *(entendre)* la sonnerie.
2. Il se remémorait avec précision la chambre dans laquelle il .... *(dormir)*.
3. Quand tu .... *(finir)* ton travail, tu pourras enfin te détendre un peu.
4. Vous .... *(tenir)* des propos très durs que je n'arrivais pas à oublier.
5. J' .... toujours .... *(aimer)* les films qui se terminent bien.
6. Elle n'............ jamais .... *(tolérer)* qu'on lui parle sur ce ton !
7. Nous nous retrouvions toujours dans le même restaurant avant que tu .... *(déménager)*.

À noter

Il faut toujours respecter la **concordance des temps** (↘ p. 64) : on n'emploie pas les mêmes temps composés selon qu'ils fonctionnent par rapport au passé, au présent ou au futur.

3 **Complétez chaque phrase par une proposition exprimant l'antériorité.**

1. Je ne partirai pas ....

2. Elles étaient inséparables ....

3. J'apprécie particulièrement ....

4. Nous nous mîmes à rire ....

5. Vous êtes essoufflés ....

Je lis et je m'exprime

4 **Lisez le texte suivant et répondez aux questions.**

> Quand tous les invités furent partis, Mme Verdurin dit à son mari :
>
> – As-tu remarqué comme Swann a ri d'un rire niais quand nous avons parlé de Mme La Trémoïlle ?
>
> Elle avait remarqué que devant ce nom Swann et Forcheville avaient plusieurs fois supprimé la particule.
>
> Marcel Proust, *Du côté de chez Swann*, 1913.

a. Relevez les verbes conjugués au passé composé. Dans quelle partie du texte sont-ils tous concentrés ? Selon vous, pourquoi ?

....

....

....

....

....

b. Dans le dernier paragraphe, à quel temps les faits sont-ils rapportés ? L'action est-elle clairement délimitée ? ....

....

5 Dictée préparée. **Lisez ce texte et répondez aux questions.**

> Elle avança elle-même une chaise pour moi en faisant mille frais auxquels ne m'avaient jamais habitué les autres amis de mes parents. Enfin le mot de l'énigme me fut donné par le duc : « Elle vous trouve charmant », murmura-t-il à mon oreille, laquelle fut frappée comme si ces mots ne lui étaient pas inconnus. C'étaient ceux que Mme de Villeparisis nous avait dits à ma grand-mère et à moi, quand nous avions fait la connaissance de la princesse de Luxembourg.
>
> Marcel Proust, *Le Côté de Guermantes*, 1921.

a. Soulignez tous les verbes conjugués à un temps composé. Distinguez ceux qui sont au passif (↘ Actif et passif, p. 52).

....

....

b. Classez-les selon qu'ils se conjuguent avec l'auxiliaire *avoir* ou avec l'auxiliaire *être* et justifiez les éventuels accords du participe passé.

....

....

....

....

....

c. Écrivez le texte sous la dictée de votre professeur.

6 **À vos plumes !**

Vous vous souvenez d'un moment marquant de votre enfance où vous aviez retrouvé un objet perdu depuis longtemps et auquel vous teniez. Racontez ce moment en quelques lignes, en employant différents temps composés.

Compétences validées

Compétences validées	☹	😐	☺
J'ai employé au moins trois temps composés différents.			
J'ai correctement conjugué les verbes.			
J'ai rendu compte d'un souvenir précis.			

20 Actif et passif

Je retiens

Phrase à l'actif	Phrase au passif
Le sujet **accomplit l'action** exprimée par le verbe. Le verbe est transitif direct : il peut être suivi d'un **complément du verbe** (COD).	Le sujet **subit l'action** exprimée par le verbe. Le verbe est suivi par un **complément d'agent**, introduit par la préposition *par* ou *de*.

L'écrivain raconte ***un souvenir****.*
Sujet COD

Un souvenir *est raconté par l'écrivain.*
Sujet Complément d'agent

On repère le temps et le mode en observant l'auxiliaire.

Temps	Actif	Passif
Passé composé	*Le groupe a annulé son concert.*	*Le concert* ***a été*** *annulé par le groupe.*
Présent	*Pierre observe les étoiles.*	*Les étoiles* ***sont observées*** *par Pierre.*
Futur	*On déplacera ce meuble bientôt.*	*Ce meuble* ***sera déplacé*** *bientôt.*

Je m'exerce

1 Soulignez les phrases qui sont au passif. Vous préciserez le temps des verbes.

1. Il a été manipulé tout au long de cette affaire. ....

2. J'ai beaucoup ri en vous écoutant. ....

3. Julie aurait aimé retrouver l'écharpe qu'elle a perdue. ....

4. Vous aviez été informés très tardivement par la direction. ....

5. Ces mensonges avaient été racontés tant de fois ! ....

2 Complétez les phrases suivantes avec des verbes au passif en respectant les indications données entre parenthèses.

1. Le soir de la première, les acteurs .... *(accueillir, passé simple)* très chaleureusement par le public.

2. Nous .... *(recevoir, futur simple)* par nos voisins pour le dîner.

3. Ce soir-là, elle .... *(attendre, imparfait)* de pied ferme par ses parents.

4. Le prix Goncourt .... *(attribuer, passé composé)* à un premier roman.

5. La séparation .... *(consentir, plus-que-parfait)* de part et d'autre.

3 Complétez ces phrases au passif par la préposition *par* ou *de*.

1. La maison a été conçue .... un architecte.

2. Julie est appréciée .... tout le monde.

3. Le coffre-fort a été forcé .... des professionnels.

4. La propriété est composée .... trois grandes parcelles.

5. Nous avions été bernés .... de véritables escrocs.

4 Réécrivez les phrases suivantes au passif.

1. Chaque année, le conseil régional attribuait des subventions à notre association. → ....

....

2. Nous décernerons un prix lors de la cérémonie de ce soir. → ....

....

3. Les Lemaître vendirent ce tableau aux enchères. → ....
4. Tout le monde t'estime. → ....

Je lis et je m'exprime

5 Lisez ce texte et répondez aux questions.

> La chose survint dans la cour de l'école, lors d'une récréation. En pleine course – dans le tohu-bohu d'une partie de barres ou de tout autre jeu – je heurtai l'un de mes camarades qui courait en sens inverse et fus projeté contre un mur, si violemment que je me fendis l'arcade sourcilière jusqu'à l'os.
>
> Michel Leiris, *L'Âge d'homme*, Gallimard, 1939.

a. Entourez tous les verbes conjugués et indiquez leur infinitif. De quel type de verbes s'agit-il principalement ?

....

....

....

b. Dans quel(s) cas l'action est-elle effectuée par le sujet ? ....

....

c. Dans quel(s) cas l'action n'est-elle pas effectuée par le sujet ? Quel est l'effet produit par l'absence de complément d'agent ? ....

....

6 Écrivez deux phrases avec chacun des verbes suivants : la première à l'actif, la seconde au passif.

1. bâtir → ....
2. surprendre → ....
3. écouter → ....

7 Réécriture. Réécrivez ce texte au passif. Les termes soulignés deviendront les sujets des verbes. Vous ferez les transformations nécessaires.

> On <u>me</u> releva et l'on <u>m'</u>emmena à la cuisine, où la femme de charge, prête à se trouver mal et poussant des hélas ! lava <u>ma plaie</u>, avant de <u>me</u> conduire chez le pharmacien. Ce dernier [...] <u>me</u> pansa et <u>me</u> fit prendre un petit verre d'alcool en guise de cordial.
>
> Michel Leiris, *L'Âge d'homme*, Gallimard, 1939.

....

....

....

....

....

....

8 À vos plumes !

Vous avez commandé un vêtement sur Internet. En quelques lignes, reconstituez son parcours, de sa préparation en magasin à son arrivée chez vous. Vous n'emploierez que des phrases au passif.

Compétences validées

	☹	😐	☺
J'ai correctement employé le passif.			
J'ai varié les verbes.			
Mes phrases s'enchaînent chronologiquement.			

21 Les verbes pronominaux

Je retiens

Un verbe est à la **forme pronominale** quand il se conjugue avec un **pronom réfléchi** (*me, te, se, nous, vous, se*) de la même personne et du même nombre que le sujet. *Elles* ***se promènent*** *en forêt.*

- Certains verbes sont **essentiellement pronominaux**, ils ne peuvent exister sans pronom réfléchi : *s'accroupir, se méfier, se réfugier.*
- D'autres verbes ne sont qu'**occasionnellement pronominaux**, ils peuvent s'employer sans pronom réfléchi en conservant leur sens : *réveiller / se réveiller, tromper / se tromper.*

Il existe différents sens de la forme pronominale :

Sens réfléchi	Sens réciproque	Sens passif
Le sujet exerce **sur lui-même** l'action exprimée par le verbe. *Il s'écoute parler.*	L'action est effectuée par deux sujets agissant **l'un sur l'autre**. *Alex et Paul se disputent tout le temps.*	Le sujet **subit** l'action. *Ce soda se boit très frais.*

Je m'exerce

1 Entourez les verbes qui sont essentiellement pronominaux.

1. se désister **2.** se munir **3.** se prélasser **4.** s'envoler **5.** se justifier **6.** s'endormir **7.** se pâmer **8.** se goinfrer

2 Indiquez si les verbes pronominaux sont de sens réfléchi, réciproque ou passif.

1. Les pommes se décomposent dans l'herbe. → .... **2.** Acheminons-nous vers la sortie. → .... **3.** Les deux hommes se sont fixés du regard pendant longtemps. → ....

4. Je m'ennuie terriblement. → .... **5.** Elle s'est vu refuser l'accès à ce site. → ....

3 Remplacez les groupes verbaux soulignés par un verbe pronominal de même sens.

1. Le couple <u>défilait</u> .... dans la rue comme sur un podium.

2. Comme j'étais perdu dans la forêt, <u>j'ai crié</u> .... pour appeler à l'aide.

3. Paul <u>intervient</u> .... toujours dans la conversation.

4. Je ne <u>fais confiance</u> .... à personne.

Je lis et je m'exprime

4 Lisez ce texte et répondez aux questions.

> Longtemps, je me suis couché de bonne heure. Parfois, à peine ma bougie éteinte, mes yeux se fermaient si vite que je n'avais pas le temps de me dire : « Je m'endors. » [...]
>
> Un homme qui dort, tient en cercle autour de lui le fil des heures, l'ordre des années et des mondes. Il les consulte d'instinct en s'éveillant et y lit en une seconde le point de la terre qu'il occupe, le temps qui s'est écoulé jusqu'à son réveil ; mais leurs rangs peuvent se mêler, se rompre.
>
> Marcel Proust, *Du côté de chez Swann*, 1913.

a. Relevez un exemple de verbe pronominal de sens réfléchi, un autre de sens réciproque, et un dernier de sens passif.

....

b. Dans le premier paragraphe, soulignez les sujets des verbes pronominaux conjugués. Comment expliquez-vous la fréquence de la forme pronominale dans ce texte ?

....

....

c. Dans le second paragraphe, l'objectif du narrateur est-il de raconter un événement précis ? Quels indices vous ont permis de répondre ?

....

....

5 **Employez chacun des verbes suivants dans deux phrases différentes, dont l'une avec la forme pronominale.**

> **À noter**
> Le participe passé **s'accorde** le plus souvent avec le sujet, lorsque celui-ci effectue l'action sur lui-même : ***Elle** s'est maquillée.*
> Il **ne s'accorde pas** quand le verbe pronominal admet un COI : ***Elles** se sont souri (= Elles ont souri **à elles**).*

1. dérouler → ....

....

2. attaquer → ....

....

....

3. lever → ....

....

4. confondre → ....

....

5. tordre → ....

....

6. promener → ....

....

6 **Réécriture. Réécrivez le texte suivant sans en modifier le sens, en remplaçant chacun des groupes soulignés par un verbe à la forme pronominale.**

> Il serait de retour dans sa chambre avant le premier carillon, prendrait une douche, se changerait, appellerait Lilas, mangerait (il mourait de faim), puis irait prendre son traitement à 8 h 5 et de là se faire soigner les dents. (« Cela va beaucoup mieux aujourd'hui, sœur. Les élancements ont presque disparu. »)
>
> Ira Levin, *Un bonheur insoutenable*, trad. de F. Straschitz, Robert Laffont, 1970.

....

....

....

....

7 **À vos plumes !**

Vous êtes détective privé et on vous a engagé(e) pour suivre une personne.
Rédigez en une dizaine de phrases essentiellement au passé composé le compte rendu de votre filature en employant des verbes pronominaux de sens réfléchi, réciproque et passif.

Compétences validées

	☹	😐	☺
J'ai employé des verbes pronominaux variés.			
J'ai exploité les différents sens des verbes pronominaux.			
J'ai correctement conjugué les verbes au passé composé.			

ÉVALUATION

Je fais le point sur mes connaissances

1 Distinguez les verbes pronominaux (PR) et les verbes au passif (PA).

1. Tu t'étais engagé à respecter le contrat. ....
2. Le château est entouré de remparts. ....
3. Vous vous croyez tout permis. ....
4. Elle avait été poussée violemment. ....

.... /4

2 Lisez ces phrases et relevez un verbe conjugué à chacun des temps indiqués dans le tableau ci-dessous.

1. Je préfère que nous nous expliquions franchement. **2.** Inès saurait que j'avais parlé d'elle à la directrice.
3. Goûtez ces madeleines, vous m'en direz des nouvelles.

Impératif présent	Conditionnel présent
....	....
Indicatif présent	**Subjonctif présent**
....	....

.... /4

3 Conjuguez les verbes au mode, au temps et à la personne indiqués.

1. *manger*, subjonctif imparfait, 3e personne du singulier

....

2. *voir*, indicatif passé simple, 1re personne du pluriel

....

3. *avoir*, impératif présent, 2e personne du singulier

....

4. *convaincre*, indicatif présent, 3e personne du singulier

....

.... /4

4 Associez à chaque verbe conjugué l'emploi qui lui correspond.

Il allait chez le coiffeur tous les mois. •	• hypothèse
Qu'elles patientent dans le couloir ! •	• action accomplie antérieure au présent
J'ai perdu mes clés. •	• habitude
Elle aura oublié de lui en parler. •	• ordre

.... /4

5 Conjuguez les verbes entre parenthèses au temps qui convient en tenant compte des différents éléments du texte.

Les élèves .... (*sauter*) partout dans le préau et .... (*hurler*) de joie. L'un des professeurs .... (*venir*) d'annoncer que, le lendemain matin, tout le monde .... (*partir*) faire une excursion dans la vallée.

– .... (*sortir*) d'ici, avant que je .... (*perdre*) patience ! .... (*crier*) la directrice excédée alors que le préau .... (*résonner*) des cris de joie des élèves.

.... /4

Total .... /20

Comptez vos points

Comptez 0,5 point par bonne réponse.

Vous avez 15 à 20 points : Bravo ! Ces notions n'ont plus de secrets pour vous !

Vous avez 11 à 14 points : Vous y êtes presque ! Encore quelques efforts et vous deviendrez incollable.

Vous avez 8 à 10 points : Vous êtes sur la bonne voie ! Relisez les pages 32 à 55 puis recommencez les exercices.

Vous avez 0 à 7 points : Relisez les pages 32 à 55. Pour comprendre vos erreurs, discutez-en avec votre professeur.

Je fais le point sur mes compétences

6 Lisez l'extrait de poème suivant et répondez aux questions.

Les cygnes sauvages à Coole

Je les vis, avant d'en avoir pu finir le compte
Qui s'élevaient soudain
Et s'égayaient en tournoyant en grands cercles brisés
Sur leurs ailes tumultueuses.
[...]
Toujours sans se lasser, en couples d'amants,
Ils rament dans les froids,
Les complices courants, ou grimpent dans les airs;
Leurs cœurs n'ont pas vieilli;
[...]
Parmi quels joncs feront-ils leur nid,
Sur la rive de quel lac, de quel étang
Raviront-ils d'autres yeux lorsque je m'éveillerai
Et trouverai, un jour, qu'ils se sont envolés?

W. B. Yeats, *Les Cygnes sauvages à Coole* [1917], trad. de J.-Y. Masson, © Verdier, 1991.

a. Soulignez en bleu les verbes au présent, en rouge les verbes aux temps du passé et en vert les verbes au futur.

b. En vous appuyant sur votre réponse précédente, expliquez la manière dont le poème est construit.

....

....

....

....

7 Dictée préparée. Lisez attentivement ce texte et répondez aux questions, puis écrivez cet extrait sous la dictée de votre professeur.

Ah! la voilà donc enfin, vous me l'amenez, dit-elle, à Mme de Miran en me voyant; venez, mademoiselle, venez que je vous embrasse, et allons nous mettre à table; on n'attendait que vous.

Nous dînâmes. Quelque novice et quelque ignorante que je fusse en cette occasion-ci, comme l'avait dit Mme de Miran, j'étais née pour avoir du goût, et je sentis bien en effet avec quelles gens je dînais.

Marivaux, *La Vie de Marianne*, première partie, 1731.

a. Entourez tous les verbes conjugués et soulignez leurs sujets (quand ils en ont).

b. Dans le tableau ci-dessous, classez-les selon leur mode et identifiez leur temps.

Indicatif	Subjonctif	Impératif
....	....	....
....	....	....
....	....	....
....	....	....
....	....	....
....	....	....

8 À vos plumes ! Rédigez quelques vers libres qui pourraient prendre place avant le début du poème de l'exercice 6, pour raconter l'arrivée du poète sur les lieux et présenter le cadre naturel dans lequel évoluent les cygnes. Vous emploierez les temps du passé.

Compétences validées ☹ 😐 ☺

	☹	😐	☺
Maîtriser le fonctionnement du verbe et son orthographe.			
Mettre en évidence le lien entre le temps employé et le sens.			

22 Les registres de langue

Je retiens

On parle de **registres de langue** pour désigner la manière dont on va s'adresser à une personne.

	Registre de langue familier	Registre de langue courant	Registre de langue soutenu
Emploi	À l'oral, avec une personne très proche (famille, ami).	À l'oral et à l'écrit dans la vie quotidienne.	À l'oral et à l'écrit, comme marque de respect, dans un contexte officiel, dans un texte littéraire.
Vocabulaire	*une bagnole*	*une voiture*	*un véhicule*
Syntaxe	*– Tu viens demain ?* *– Non, je viens pas.*	*– Est-ce que tu viens demain ?* *– Non, je ne viens pas.*	*– Viendras-tu demain ?* *– Non, je ne viendrai pas.*
Prononciation	*T'en r'prends ?*	*Tu en reprends ?*	*En reprendras-tu ?*

Je m'exerce

1 **Classez ces mots et expressions selon le registre de langue auquel ils appartiennent. Vous pouvez vous aider d'un dictionnaire.**

en avoir ras le bol • se baigner • Peu me chaut ! • faire trempette • se montrer désobligeant • tailler une bavette • maintes fois • vachement • se souvenir • avoir ouï-dire • à plusieurs reprises • particulièrement

Registre de langue familier	Registre de langue courant	Registre de langue soutenu
....	....	....
....	....	....
....	....	....

2 **Donnez le sens de chaque mot employé dans le registre de langue familier, puis courant.**

1. Pain : registre familier → ....

Registre soutenu → ....

2. Flotte : registre familier → ....

Registre soutenu → ....

3. Tracer : registre familier → ....

Registre soutenu → ....

3 **Pour chacun des mots suivants, donnez deux synonymes dans les registres de langue indiqués.**

1. Argent : registre familier → ....

Registre soutenu → ....

2. Chaussures : registre familier → ....

Registre courant → ....

3. Manger : Registre familier → ....

Registre soutenu → ....

4. Rire : Registre familier → ....

Registre soutenu → ....

Je lis et je m'exprime

4 Lisez ce texte et répondez aux questions.

La Chanson de Craonne *est une chanson contestataire entonnée par les Poilus sur le front entre 1915 et 1917.*

C'est malheureux d'voir sur les grands boul'vards
Tous ces gros qui font leur foire ;
Si pour eux la vie est rose,
Pour nous c'est pas la mêm' chose.
Au lieu de s'cacher, tous ces embusqués
F'raient mieux d'monter aux tranchées
Pour défendr' leurs biens, car nous n'avons rien,
Nous autr's, les pauvr's purotins.
Tous les camarades sont enterrés là,
Pour défendr' les biens de ces messieurs-là.

Anonyme, *La Chanson de Craonne*, 1915-1917.
Paroles publiées par R. Lefebvre, 1919 puis par P. Vaillant-Couturier, 1934.

a. Quel est le registre de langue utilisé ici ? Relevez le vocabulaire et les indications de prononciation qui justifient votre réponse.

....

....

....

....

....

....

b. Comment, dans le texte, les Poilus se désignent-ils ? Que signifie cette expression ?

....

....

....

c. Qui sont, d'après vous, les « gros » et les « embusqués » ?

....

5 Proposez, pour chaque phrase en gras, des expressions synonymes selon les registres de langue demandés.

GISÈLE. – **T'as perdu tes chaussures** ?
MIMI. – On me les a fauchées, oui… […] alors gentiment deux Amerloques nous ont proposé de nous raccompagner, **y en a un qui me portait** pour que je salisse pas mes petits petons et puis **je sais pas ce qu'ils ont baragouiné** mais à un moment y en a un qui m'a demandé quelque chose, j'ai pas compris exactement quoi, mais j'ai fait oui avec la tête et ma copine a fait oui aussi, alors le type m'a laissé tomber sans prévenir en plein dans le caniveau. J'étais toute mouillée et puis Huguette et **les deux Amerloques se sont mis à se marrer** et alors on s'est engueulés.

Jean-Claude Grumberg, *L'Atelier*, Actes Sud, 1979.

	Registre de langue courant	Registre de langue soutenu
« T'as perdu tes chaussures ? »	....	....
« Y en a un qui me portait. »	....	....
« Je sais pas ce qu'ils ont baragouiné. »	....	....
« Les deux Amerloques se sont mis à se marrer. »	....	....

6 À vos plumes !

Racontez un incident qui vous a mis(e) dans l'embarras. Vous pouvez, au choix, n'utiliser qu'un seul registre de langue (familier ou soutenu) ou mêler les deux pour créer un décalage humoristique.

Compétences validées

	☹	😐	☺
Mon récit est cohérent.			
J'ai utilisé les codes des différents registres de langue (lexique, syntaxe, transcription de la prononciation).			
J'ai amusé mon lecteur.			

23 L'explicite et l'implicite

Je retiens

À l'oral comme à l'écrit, la personne qui s'exprime peut énoncer

un message **explicite** :	un message **implicite** :
clair, immédiatement compréhensible.	il faut interpréter les informations sous-entendues.
Le train pour Nice part à 15 h 02.	***Comme toujours,** Paul a oublié sa carte d'identité pour aller voter.* (Sous-entendu : Paul oublie toujours ses affaires.)

Je m'exerce

1 Indiquez si chaque phrase a un contenu implicite ou explicite.

1. Les photos de l'enfance sont émouvantes. → ……………………

2. C'est dommage qu'il n'y ait pas souvent de photos dans les autobiographies. → ……………………

3. Il y avait des dizaines de photos du village dans le grenier de ma grand-mère. Mais depuis l'incendie…
→ ……………………

4. L'incendie a détruit la collection de photos de ma grand-mère. → ……………………

5. Regarde, c'est à cet âge que tu as dépassé ton frère. → ……………………

6. Je pense que tu pourrais travailler un peu plus. → ……………………

2 Expliquez ce qui est implicite dans les phrases suivantes.

1. Jules Verne est l'un des premiers auteurs de romans d'anticipation. ……………………

……………………

2. Hugo est maintenant incollable sur les héros de science-fiction. ……………………

……………………

3. Attention ! Ne confondez pas anticipation et science-fiction ! ……………………

……………………

4. Hugo ne descendra pas déjeuner : il n'est qu'à la moitié de son roman. ……………………

……………………

5. Il lui faudrait une bibliothèque entière pour ranger ses livres. ……………………

……………………

6. Osera-t-il nous dire la vérité un jour ? ……………………

……………………

3 Réécrivez chaque phrase de manière à formuler explicitement la demande.

Exemple : *C'est bruyant, ici.* ⇨ *Taisez-vous !*

1. Je ne vous entends pas. → ……………………

2. Je ne vous ai pas demandé de vous lever. → ……………………

3. Comme tes mains sont sales ! → ……………………

4. Tu sors pieds nus par ce froid ? → ……………………

5. Quel désordre dans ton classeur de français ! → ……………………

6. Ça sent le brûlé dans la cuisine. → ……………………

Je lis et je m'exprime

4 Lisez ce texte et répondez aux questions.

Le chapitre commence par cette discussion entre deux notables d'une petite ville de province imaginaire, Quiquendone.

– Vous croyez ? demanda le bourgmestre[1].

– Je le crois, répondit le conseiller, après quelques minutes de silence.

– C'est qu'il ne faut point agir à la légère, reprit le bourgmestre.

– Voilà dix ans que nous causons de cette affaire si grave, répliqua le conseiller Niklausse, et je vous avoue, mon digne van Tricasse, que je ne puis prendre encore sur moi de me décider.

– Je comprends votre hésitation, reprit le bourgmestre, qui ne parla qu'après un bon quart d'heure de réflexion, je comprends votre hésitation et je la partage.

Jules Verne, *Une fantaisie du docteur Ox*, 1874.

1. **Bourgmestre** : maire.

a. De quoi parlent les deux personnages ? Relevez un groupe nominal explicite pour justifier votre réponse.

....

b. Montrez que les personnages savent implicitement de quoi ils parlent.

....

....

....

....

c. Qu'apprenons-nous sur le caractère des deux personnages de manière implicite ?

....

....

....

....

5 Réécriture. Transformez chaque phrase en ajoutant une information pour obtenir un contenu explicite. Suivez les indications données entre parenthèses.

1. Louis Aragon est un poète de la Résistance. *(Il n'est pas le seul.)* ....

....

2. Je suis sensible à la poésie engagée. *(Pas aux autres types de poésie.)* ....

....

3. J'ai fini de lire ce roman autobiographique. *(Il était très long.)* ....

....

6 À vos plumes !

Vous interrogez le maire et son conseiller sur ce qui menace la petite ville de Quiquendone (exercice 4) et les risques qu'ils ont fait courir à la population. Ces deux personnes essaieront de se dégager de toute responsabilité et joueront sur des réponses contenant de l'implicite ! Rédigez ce dialogue.

Compétences validées

	☹	😐	☺
Mes questions sont explicites.			
Les réponses des deux notables sont souvent implicites.			
J'ai varié les procédés permettant de créer de l'implicite.			

24 Modaliser un énoncé

Je retiens

Modaliser un énoncé signifie le **nuancer, apporter une marque de subjectivité** de la part de l'énonciateur.

La personne qui parle ou qui écrit peut ainsi exprimer

une **certitude**. *Assurément, Jean viendra !*	un **doute**, une **incertitude**. *Jean ne viendra certainement pas.*	une **éventualité**, une **probabilité**. *Il se pourrait que Jean vienne.*	des **sentiments**. *Jean me ferait tellement plaisir s'il venait !*	un **jugement**. *Ce serait vraiment scandaleux que Jean ne vienne pas.*

Pour modaliser un énoncé, on peut utiliser différents procédés

La **ponctuation** (dont les guillemets) à l'écrit	Les **verbes de jugement** : *sembler, croire, douter, affirmer...* Les **verbes modaux** : *pouvoir, devoir...*	Le **conditionnel**	Les **adverbes** : *peut-être, sûrement, évidemment...*	Le **vocabulaire** mélioratif ou péjoratif

Je m'exerce

1 Indiquez pour chacune de ces phrases si elle a un contenu neutre ou modalisé.

	Contenu neutre	Contenu modalisé
1. Les hypermarchés sont de véritables temples de la consommation.	☐	☐
2. Les hypermarchés ouvrent chaque jour à 8 heures.	☐	☐
3. Une loi interdit de diffuser à la télévision des publicités pendant les programmes pour enfants.	☐	☐
4. Les consommateurs se font particulièrement manipuler par les publicités.	☐	☐

2 Soulignez, dans chaque phrase, le procédé de modalisation, puis identifiez sa catégorie.

1. La période des soldes commencerait dans deux semaines. ....

2. Il se peut que j'y aille dès le premier jour. ....

3. Ma meilleure amie prétend qu'elle y trouve de bonnes affaires. ....

4. Elle y trouve peut-être de bonnes affaires mais moi, je n'y vois qu'un amas de fripes. ....

....

5. Je crois que tu exagères ! ....

3 Réécrivez ces phrases en modifiant les mots en gras ou en ajoutant des éléments afin qu'elles prennent un ton mélioratif ou péjoratif.

*Exemple : Zoé a présenté un **diaporama** sur Anne Frank. (mélioratif) ➩ Zoé a présenté un diaporama très intéressant sur Anne Frank.*

1. Le mois de mai sera **froid**. (*péjoratif*) ....

2. Nous avons **goûté** la nouvelle recette de ce grand chef. (*mélioratif*) ....

....

3. Mes cousins ont loué une **maison** pour les vacances. (*mélioratif*) ....

....

Je lis et je m'exprime

4 Lisez ce texte et répondez aux questions.

Âgé de cinq ou six ans, je fus victime d'une agression. Je veux dire que je subis dans la gorge une opération qui consista à m'enlever des végétations ; l'intervention eut lieu d'une manière très brutale, sans que je fusse anesthésié. [...] Si mes souvenirs sont justes, je m'imaginais que nous allions au cirque ; j'étais donc très loin de prévoir le tour sinistre que me réservaient le vieux médecin de la famille, qui assistait le chirurgien, et ce dernier lui-même. Cela se déroula, point pour point, ainsi qu'un coup monté et j'eus le sentiment qu'on m'avait attiré dans un abominable guet-apens.

Michel Leiris, *L'Âge d'homme*, Gallimard, 1939.

a. Quel épisode de sa vie raconte le narrateur ? Relevez un mot du texte qui le qualifie.

....

b. Relevez dans le texte des GN qui traduisent la manière dont le narrateur a vécu cet épisode.

....

c. Relevez d'autres procédés de modalisation. Quel ton donnent-ils à ce texte ?

....

À noter

Le **superlatif** permet aussi de modaliser une phrase. Certains adjectifs ont un sens superlatif : *sublime, horrible*. D'autres ont besoin d'un suffixe : *brillantissime*.

5 Complétez chaque phrase avec un terme mélioratif puis un terme péjoratif pour obtenir des sens contraires.

1. Pour moi, la lecture est un(e) .... *(nom commun)*

2. Pour ses tableaux, il utilise souvent des couleurs .... *(adjectif)*

3. Les arguments développés par cet homme politique ont rapidement .... *(verbe)* les auditeurs.

6 Modifiez les phrases suivantes pour suggérer la nuance indiquée entre parenthèses.

1. L'enfant se rend au cirque avec ses parents. *(doute)*

....

2. À l'âge adulte, je me ferai retirer les dents de sagesse. *(éventualité)*

....

3. Les adultes masquent la réalité aux enfants. *(jugement)*

....

7 À vos plumes !

Vous rédigerez un texte pour convaincre vos camarades de lire un roman, de voir un film ou d'écouter un album qui vous a particulièrement plu. Vous mettrez en valeur l'œuvre que vous aurez choisie et la comparerez à une autre, du même domaine artistique. Vous pourrez partager votre texte sur le blog de votre collège.

Compétences validées

	☹	😐	☺
J'ai décrit l'œuvre avec précision.			
J'ai modalisé mon discours en variant les procédés afin de valoriser cette œuvre.			
J'ai employé le vocabulaire mélioratif.			

25 La concordance des temps

Je retiens

Le temps du verbe de la **proposition subordonnée** dépend du temps du verbe de la **principale**. Il indique l'**antériorité**, la **simultanéité** ou la **postériorité** de l'action.

Proposition principale	**Proposition subordonnée**		
	Antériorité	Simultanéité	Postériorité
Présent *Je lui demande...*	Passé composé *s'il **a fait** du sport.*	Présent *s'il **fait** du sport.*	Futur *s'il **fera** du sport.*
Passé *Je lui demandais...*	Plus-que-parfait *s'il **avait fait** du sport.*	Imparfait *s'il **faisait** du sport.*	Conditionnel présent (= futur dans le passé) *s'il **ferait** du sport.*

Je m'exerce

1 Mettez le verbe de la principale au passé et conjuguez le verbe de la subordonnée au temps qui convient.

1. Je vois .... que le soleil se couche .... de plus en plus tôt.

2. Il se demande .... si cet acteur saura .... écrire son autobiographie.

3. Paul constate .... que le bateau qui s'approche .... aura sombré .... avant d'atteindre le port.

4. Je ne crois .... pas que les poètes puissent .... rester insensibles à la guerre.

2 Reliez chaque principale à sa subordonnée en respectant la concordance des temps.

Il se leva •	• quand tu arriveras.
Elle sera déjà partie •	• lorsque tu as joué la scène.
Le public était très ému •	• dès qu'il sera sorti au cinéma.
Nous irons voir ce film •	• pendant que tu prenais ta douche.

3 Dans les phrases suivantes, indiquez le rapport temporel exprimé par les verbes soulignés : antériorité, simultanéité ou postériorité.

1. Nous voulions lui demander ce qu'il avait compris de la situation. → ....

2. Le vent soufflait si fort que l'enfant avait du mal à rester debout. → ....

3. Ce qu'il avait écrit, personne ne s'en souciait. → ....

4. Ce qu'il écrirait plus tard, personne ne s'en souciait. → ....

5. Les parents espéraient que leurs enfants réussiraient leurs études. → ....

4 Transposez au discours indirect les phrases en respectant la concordance des temps.

1. Le chevalier hurla à ce moment-là : « Je vais tous vous massacrer. »

....

2. Hier il a dit à tous ses élèves : « J'espère que vous serez prêts pour votre examen. »

....

3. « Comme tu me manqueras ! » lui déclara-t-elle. ....

Je lis et je m'exprime

5 Lisez le texte et répondez aux questions.

Je me rappelai qu'il y avait sur le comptoir un billet adressé à monsieur Masson. Je lui avais dit que ce nom me disait quelque chose et il m'avait dit que son nom était Blaise Masson. Cet homme était un camarade d'enfance que je n'avais jamais revu.

D'après Robert Pinget, *L'Inquisitoire*,
© Les Éditions de Minuit, 1962.

a. Encadrez les propositions principales et soulignez les propositions subordonnées.

b. Identifiez le temps des verbes dans les propositions principales.

c. Identifiez le temps des verbes de chaque subordonnée et indiquez si elle exprime une antériorité, une simultanéité ou une postériorité par rapport à la proposition principale.

6 Complétez chaque proposition principale avec une subordonnée en suivant les indications entre parenthèses. Vous respecterez la concordance des temps.

1. Tu partiras dès que ………… *(antériorité)*.

2. Vous pouvez lire jusqu'à ce que ………… *(postériorité)*.

3. Il pleuvait pendant que ………… *(simultanéité)*.

4. Je les avais informés que ………… *(postériorité)*.

7 Réécriture. Réécrivez ce texte en mettant les propositions principales au présent et conjuguez les verbes des subordonnées aux temps qui conviennent.

Je le remerciai des instructions qu'il m'avait données, et lui demandai la permission de lui porter le recueil de mes fables, pour qu'il voulût bien retrancher d'une main plus ferme que la mienne celles qu'il trouverait trop mauvaises, et m'indiquer les fautes susceptibles d'être corrigées dans celles qu'il laisserait.

Jean-Pierre Claris de Florian, *Fables*, 1792.

8 À vos plumes !

Écrivez un article de journal dans lequel un(e) journaliste rend compte au passé de l'interview d'un scientifique sur le thème des progrès de la science.

Compétences validées

J'ai écrit l'article en utilisant correctement les propositions principales et subordonnées.			
J'ai fait concorder les temps des subordonnées avec celui de la principale.			
J'ai transposé correctement les pronoms.			

26 Les paroles rapportées

Je retiens

Il existe trois façons de **rapporter des paroles**.

- **Le discours direct** : les paroles sont rapportées directement, telles qu'elles ont été prononcées.

On identifie le discours direct grâce à

un **verbe introducteur** : *dire, prononcer, annoncer, s'écrier…*	une **ponctuation pour introduire les paroles** : guillemets « », tiret « – », deux-points « : ».	une **ponctuation expressive** : « ? » « ! ».	des **indices de la situation d'énonciation** : *je, ici, demain…*

*Le soldat **annonça** à son camarade : « Nous quitterons la tranchée demain ! »*

- **Le discours indirect** : les paroles sont intégrées à la narration à l'aide de propositions subordonnées et subissent quelques modifications grammaticales (temps des verbes, pronoms…).

On identifie le discours indirect grâce à

un **verbe introducteur** : *dire, prononcer, annoncer, s'écrier…*	un **subordonnant** : *que, si…*	la **concordance** des temps.	des **modifications** des pronoms et des indices de lieu ou de temps.

*Le soldat **annonça** à son camarade **qu'**ils quitteraient la tranchée le lendemain.*

- **Le discours indirect libre** : les paroles sont rapportées indirectement sans marques de subordination (verbe introducteur facultatif, absence de subordonnant…) mais souvent avec une ponctuation expressive : « ? » « ! ».
*Le soldat **annonça** la nouvelle à son camarade : ils quitteraient la tranchée le lendemain !*

Je m'exerce

1 Soulignez les paroles rapportées puis indiquez quels sont les types de discours utilisés.

1. Il se disait qu'il aurait dû aller marcher un peu. ……………………

2. Jessica s'inquiétait. Elle n'avait pas assez d'argent, elle ne partirait pas en vacances cette année.

……………………

3. Elle réfléchit : « Et si je lui demandais de venir aujourd'hui ? » ……………………

2 Réécrivez les phrases suivantes en adoptant le type de discours indiqué entre parenthèses.

1. Le maître dit à Morgane que cette maison avait autrefois été la demeure d'une reine cruelle. *(discours direct)*

……………………

……………………

2. — Où est la barque ? dit-il.
Et elle s'écria, dépitée :
— Oh ! j'étais sûre ! il ne l'a pas amarrée et il a perdu le bateau ! *(discours indirect)*

……………………

……………………

……………………

3 **Transposez au discours indirect libre les phrases suivantes.**

1. Il dit à plusieurs reprises qu'il ne supporterait pas plus longtemps cette situation.

....

2. Morgane était déçue. « Pourquoi, se disait-elle, ne suis-je pas restée avec mes amis ? »

....

3. Il s'exclama une fois encore : « Oh, Louis ! quel bonheur de t'avoir rencontré ! »

....

Je lis et je m'exprime

4 **Lisez ce texte et répondez aux questions.**

La fermière s'était levée, toute furieuse.

« Vous voulez que j'vous vendions Charlot ? Ah ! mais non ; c'est pas des choses qu'on d'mande à une mère, ça ! Ah ! mais non ! Ce s'rait une abomination. » [...] Mme d'Hubières, éperdue, se mit à pleurer, et, se tournant vers son mari, avec une voix pleine de sanglots, une voix d'enfant dont tous les désirs ordinaires sont satisfaits, elle balbutia :

« Ils ne veulent pas, Henri, ils ne veulent pas ! »

Guy de Maupassant, *Aux champs*, 1882.

a. Quel type de discours est utilisé pour rapporter les paroles des personnages ?

....

b. Ajoutez le verbe de parole absent au début du texte.

....

c. Pourquoi le narrateur utilise-t-il le patois des paysans ?

....

....

5 **Un(e) candidat(e) à l'élection des délégués formule ses propositions au discours direct. Reformulez-les au discours indirect en utilisant deux verbes introducteurs différents.**

1. « Je me ferai votre interprète auprès des professeurs. » ....

....

2. « J'interviendrai pour transmettre vos remarques lors des conseils de classe. » ....

....

6 **Réécriture. Réécrivez ce dialogue au discours indirect, en respectant la concordance des temps.**

– Et toi, ton roman ? Est-ce que tu as trouvé quelqu'un à faire mourir ?

Martin secoua la tête. Non, il n'avait trouvé personne. [...]

– Si tu veux, moi je peux entrer dans ton roman ?

– Oh ! non, protesta Martin. Penses-tu ! D'abord, tu as un poème à écrire... Et puis, non et non ! Jamais je ne consentirai ! Quel remords !...

Marcel Aymé, *Derrière chez Martin*, Gallimard, 1938.

....

....

....

....

....

....

....

....

7 **À vos plumes !**

Écrivez un bref paragraphe dans lequel vous ferez part des réflexions du mari de Mme d'Hubières (exercice 4), Henri, quant aux paroles de sa femme.

Compétences validées

	☹	😐	☺
J'ai respecté les marques du discours indirect.			
J'ai respecté les concordances des temps et des pronoms.			
J'ai su varier les verbes introducteurs.			

Je retiens

Pour **insérer les paroles des personnages dans le récit de façon expressive**, on utilise :

- des **verbes introducteurs de parole** variés : *murmurer, susurrer, marmonner, crier, hurler, beugler, se plaindre, se lamenter, pleurnicher, menacer, prier, reprocher, avertir, avouer, confesser, s'inquiéter, se réjouir, complimenter, féliciter, se vanter...*
- des **signes de ponctuation expressifs** : « ! », « ? »
- des **indices qui traduisent la subjectivité** de celui qui parle ou qui rapporte les paroles d'une autre personne : *en riant, gravement, lamentablement...*

*Antoine **se plaignait en marmonnant** : « Il commence à m'ennuyer avec ses exigences ! »*

Le choix du verbe introducteur et d'indices de subjectivité permet d'éclairer le lecteur sur le **ton**, les **sentiments**, ou les **intentions** de celui qui parle ou qui rapporte les paroles d'une autre personne.

Je m'exerce

8 **Choisissez un verbe introducteur exprimant la façon dont les paroles sont prononcées par le personnage ou qui traduise un sentiment, une intention.**

1. Le vieil homme .... : « Que je ne vous revoie plus chez moi ! »

2. Le soldat .... qu'ils avaient dû attendre des heures avant de se battre.

3. L'entraîneur .... ses joueurs : « Vous avez su respecter mon plan de jeu. »

4. Après leur altercation, Théophile .... qu'il n'aurait jamais dû se comporter ainsi.

9 **Ajoutez après les verbes introducteurs en gras des indices de subjectivité choisis dans la liste suivante :**

gaiement • sérieusement • lamentablement • en pleurant • avec enthousiasme

1. N'ai-je pas réussi ? **s'écria**-t-elle ....

2. Julien **balbutia** .... : « J'ai été si maladroit... je suis vraiment désolé... »

3. Tous se **plaignaient** .... qu'ils ne méritaient pas une telle humiliation.

4. Le médecin **avertit** .... qu'il fallait suivre ses recommandations.

5. « C'est bien vrai, vous m'emmènerez avec vous ? » **demanda**-t-elle ....

10 **Remplacez dans les phrases suivantes les verbes introducteurs soulignés par des verbes plus expressifs traduisant l'intention ou le sentiment perceptibles dans la phrase. Certains verbes peuvent entraîner des modifications dans la phrase.**

1. « Que vois-je ! » <u>dit</u> le roi en découvrant son château détruit. ....

2. Il <u>répondit</u> qu'il avait mieux à faire que d'aller au bord de la mer. ....

3. Depuis des mois, elle lui <u>demandait</u> de lui venir en aide. ....

4. Celui que l'on avait arrêté <u>expliqua</u> qu'il était innocent. ....

5. Il lui <u>dit</u> tout bas qu'il s'échapperait à la nuit tombée. ....

11 **Recherchez la définition des verbes introducteurs suivants et construisez ensuite à partir de chacun d'eux une phrase l'employant à bon escient.**

Exemple : Rétorquer ⇒ Quand je lui ai dit de faire attention, il m'a rétorqué que je devais m'occuper de mes affaires.

1. Soliloquer → ....

2. Grommeler → ....

3. Clamer → ....

4. Sussurer → ....

Je lis et je m'exprime

12 **Utilisez, dans chacune de ces phrases, un indice de subjectivité pour faire comprendre le sentiment ou l'intention des personnes qui parlent.**

1. Alors qu'elle terminait son exposé préparé avec Justine, elle dit .... qu'elle ne travaillerait plus jamais avec elle, qu'elle en avait assez de faire tout le travail.

2. La maman s'approcha de ses enfants. « Je vais jouer avec vous », leur dit-elle ....

3. Elle lui reprocha .... de ne pas faire preuve de suffisamment de bienveillance avec son petit frère.

4. Il lui susurra .... tout ce qu'il éprouvait pour elle.

13 **Complétez ces phrases en rapportant des propos au discours indirect. Tenez compte du ton, de l'intention ou des sentiments suggérés par le verbe introducteur. Respectez la concordance des temps.**

1. Alors qu'il venait de casser un verre, il bredouilla qu'il était désolé, qu'..

2. Quand les résultats parurent, Luc se vanta qu'..

3. C'est alors qu'à sa plus grande surprise, elle lui confesse qu'..

....

4. Et c'est alors que je demande à la vendeuse que ....

14 **Réécriture. Transposez ce dialogue théâtral en une page de roman.**

Antigone s'oppose à son oncle Créon, le roi de Thèbes. Elle le traite de « cuisinier » parce qu'il lui a auparavant parlé de la « cuisine » de la politique.

CRÉON, *lui broie le bras.* – Je t'ordonne de te taire maintenant, tu entends ?
ANTIGONE. – Tu m'ordonnes, cuisinier ? Tu crois que tu peux m'ordonner quelque chose ?
CRÉON. – L'antichambre est pleine de monde. Tu veux donc te perdre ? On va t'entendre.
ANTIGONE. – Eh bien, ouvre les portes. Justement, ils vont m'entendre !
CRÉON, *qui essaie de lui fermer la bouche de force.* – Vas-tu te taire, enfin, bon Dieu ?
ANTIGONE, *se débat.* – Allons vite, cuisinier ! Appelle tes gardes !

Jean Anouilh, *Antigone*, © Éditions de La Table ronde, 1946.

....
....
....
....
....
....

15 **À vos plumes !**

Écrivez un article de journal.
Un(e) journaliste rencontre un individu qui raconte son engagement politique.
Remettez l'action de ce personnage dans son contexte et retranscrivez un certain nombre de ses paroles.

Compétences validées

	☹	😐	☺
J'ai respecté les caractéristiques d'un article de journal.			
J'ai contextualisé la rencontre.			
J'ai su varier les discours pour rapporter les paroles et exploiter les indices de subjectivité.			
J'ai respecté les marques du discours indirect et du discours indirect libre.			

27 Les connecteurs logiques

Je retiens

Les **connecteurs logiques** expriment un **rapport de sens** entre des groupes de mots, des phrases ou des paragraphes. Ils assurent la **cohérence** et la **progression** d'un raisonnement.

Relation logique	Fonction	Connecteurs logiques
Addition	Ajouter une idée.	*et, de plus, en outre, ensuite, enfin...*
Illustration	Donner un exemple.	*par exemple, entre autres, notamment, à savoir...*
But	Exprimer une intention.	*dans le but, pour que, afin que...*
Cause	Exposer l'origine d'un fait.	*car, en effet, parce que, puisque...*
Conséquence	Énoncer le résultat d'un fait ou d'une idée.	*donc, ainsi, c'est pourquoi, si bien que...*
Opposition	Confronter deux faits pour mettre en valeur l'un d'eux.	*mais, toutefois, cependant, alors que, tandis que...*
Concession	Constater des faits opposés à une thèse.	*en dépit de, bien que, quoique...*

Je m'exerce

1 Complétez les phrases de ce texte avec des connecteurs logiques sans altérer le sens des énoncés.

Les randonneurs avançaient résolument .... ils savaient qu'ils touchaient au but .... conditions météorologiques difficiles. Quand le brouillard se dissipa, ils s'aperçurent qu'ils étaient revenus au point de départ. .... le découragement les gagna .... ils se laissèrent tomber d'épuisement. .... ils ne tardèrent pas à réagir. ...., ils ne devaient pas se laisser engourdir par le froid ni surprendre par la nuit. .... d'un pas ralenti par l'épuisement, ils poursuivirent leur chemin.

2 Remettez dans l'ordre les groupes de phrases suivants, pour former un texte cohérent. Soulignez les connecteurs logiques qui vous ont aidé(e).

.... D'autre part, les sports collectifs sont une occasion de contacts.

.... Pour toutes ces raisons je pense que les sports collectifs représentent une belle aventure.

.... La pratique d'un sport collectif est très répandue et je m'en réjouis, car elle offre de nombreux avantages.

.... D'abord cela permet de pratiquer une activité physique régulière. Nous marchons peu en effet.

3 Complétez le texte par le connecteur logique qui convient.

Saisi d'une épouvante folle, je me jetai sur elle pour la saisir. .... je ne trouvai rien car elle avait disparu. .... je fus pris d'une colère furieuse contre moi-même. .... il n'est pas permis à un homme raisonnable et sérieux d'avoir de pareilles hallucinations ! .... était-ce bien une hallucination ?

Guy de Maupassant, *Le Horla*, 1886.

Je lis et je m'exprime

4 Lisez le texte suivant et répondez aux questions.

Julien Sorel, accusé d'avoir blessé Mme de Rênal, la femme qu'il aime, s'adresse à ses juges, lors du procès.

« Messieurs, je n'ai point l'honneur d'appartenir à votre classe, vous voyez en moi un paysan qui s'est révolté contre la bassesse de sa fortune[1].

« Je ne vous demande aucune grâce, continua Julien en affermissant sa voix. Je ne me fais point illusion, la mort m'attend : elle sera juste. J'ai pu attenter aux jours de la femme la plus digne de tous les respects, de tous les hommages. Mme de Rênal avait été pour moi comme une mère. Mon crime est atroce, et il fut *prémédité*. J'ai **donc** mérité la mort, messieurs les jurés. »

Stendhal, *Le Rouge et le Noir*, 1830.

1. **Bassesse de sa fortune** : condition déshonorante.

a. Quel rapport logique exprime la conjonction de coordination « donc » en gras ? Reformulez la thèse que Julien Sorel défend.

....

b. Retrouvez deux arguments utilisés par Julien Sorel pour développer sa thèse en montrant comment ils sont reliés.

....

c. Comment Julien Sorel se présente-t-il dans ce passage ?

....

5 Explicitez les proverbes ou les morales ci-dessous en faisant apparaître un connecteur logique. Vous pouvez vous aider d'un dictionnaire des expressions.

1. Noël au balcon, Pâques au tison. ....

2. Rien ne sert de courir ; il faut partir à point. ....

3. Chose promise, chose due. ....

4. Fais ce que dois, advienne que pourra. ....

5. Les paroles s'envolent, les écrits restent. ....

6 À vos plumes !

Jouez le rôle de l'avocat chargé de prendre la défense de Julien Sorel (exercice 4).
Développez au moins trois arguments en sa faveur. Vous devrez relier les arguments par des connecteurs logiques.

Compétences validées

	☹	😐	☺
J'ai construit des phrases correctes.			
J'ai employé des connecteurs logiques.			
J'ai pris la défense de Julien Sorel en proposant des arguments recevables par le « tribunal ».			

28 Les figures de style

Je retiens

Les figures de style sont des **expressions imagées** qui produisent un **effet de sens**.

Ressemblance →
- **Comparaison** : on rapproche deux éléments avec un outil de comparaison (*comme, ainsi que, ressembler à*...). *Beau* ***comme un dieu***.
- **Métaphore** : on rapproche deux éléments, sans outil de comparaison. ***L'or de tes cheveux***.
- **Personnification** : on donne des caractéristiques humaines à un objet, une idée ou un animal. ***Les roseaux chuchotent*** *dans le vent.*

Remplacement →
- **Périphrase** : on remplace un mot par une expression de sens équivalent. ***L'oiseau d'Athéna*** *(la chouette).*
- **Métonymie** : on désigne un mot par un autre qui entretien un rapport logique avec le premier : le contenant pour le contenu, un objet par sa couleur, le tout pour une partie... ***Croiser le fer*** *(= se battre, le fer désigne l'épée).*
- **Antiphrase** : on énonce le contraire de ce que l'on pense, avec moquerie. ***C'est du beau travail !*** *(pour un travail mal fait).*

Exagération et atténuation →
- **Hyperbole** : on exagère une idée. ***C'est le déluge !*** *(= Il pleut beaucoup)*
- **Litote** : on atténue l'expression d'une idée pour en faire ressortir la force. *Va,* ***je ne te hais point !*** *(= Je t'aime).*

Opposition →
Oxymore : on réunit deux termes contradictoires dans une même expression. *Cette* ***obscure clarté*** *qui tombe des étoiles.*

Je m'exerce

1 Indiquez si chaque phrase contient une comparaison ou une métaphore. Dans les comparaisons, soulignez l'outil comparant.

1. « L'huître, de la grosseur d'un galet moyen » (F. Ponge) .... **2.** « Il neige des fleurs ! » (T. Gautier) .... **3.** « Les chats-huants s'éveillent, et sans bruit / Rament l'air noir avec leurs ailes lourdes. » (P. Verlaine) .... **4.** « Il pleure dans mon cœur comme il pleut sur la ville. » (P. Verlaine) .... **5.** « Quand le ciel bas et lourd pèse comme un couvercle / Sur l'esprit gémissant en proie aux longs ennuis... » (C. Baudelaire) .... **6.** « Ma jeunesse ne fut qu'un ténébreux orage. » (C. Baudelaire) ....

2 Soulignez et nommez les figures de style dans les phrases suivantes.

1. Je ne déteste pas cette ville ; j'aimerais beaucoup m'y installer ! .... **2.** Écoute le silence assourdissant de la nuit dans la savane. .... **3.** Viens-tu boire un verre avec nous ? .... **4.** J'en veux à la terre entière ! .... **5.** Les voiles glissent sur la mer. .... **6.** Elle a un teint de rose. .... **7.** L'astre de la nuit disparaît à l'horizon. .... **8.** « Pour un cœur qui s'ennuie, / Ô le chant de la pluie ! » (P. Verlaine) .... **9.** « Vois sur ces canaux / Dormir ces vaisseaux / Dont l'humeur est vagabonde. » (C. Baudelaire) ....

Je lis et je m'exprime

3 **Formez des binômes. L'un(e) invente une comparaison, l'autre reformule la phrase pour obtenir une métaphore.**

4 **Lisez ce début de poème et répondez aux questions.**

À une passante

La rue assourdissante autour de moi hurlait.
Longue, mince, en grand deuil, douleur majestueuse,
Une femme passa, d'une main fastueuse
Soulevant, balançant le feston et l'ourlet;

Agile et noble, avec sa jambe de statue. [...]

Charles Baudelaire, *Les Fleurs du mal*, 1857.

a. Quelle figure de style reconnaissez-vous dans le premier vers ? Quel est l'effet produit ?

....

....

....

....

....

....

b. Avec quel nom « majestueuse » s'accorde-t-il ? Quel nom devrait-il qualifier ? Expliquez.

....

....

....

c. Repérez une métaphore et interprétez-la.

....

....

....

5 **Réécriture.** **Réécrivez ces phrases en formulant une hyperbole.**

1. J'ai faim ! ....

2. Je suis inquiet. ....

3. La Première Guerre mondiale a causé des pertes innombrables. ....

....

4. Louis Aragon aimait Elsa Triolet. ....

....

6 **À partir des énoncés suivants, formulez une remarque ironique contenant une antiphrase.**

1. À un collégien qui a bâclé son devoir → ....

2. À quelqu'un qui est fainéant → ....

3. À un commerçant d'électroménager qui refuse de remplacer un produit défectueux → ....

....

4. À quelqu'un qui vous a trahi → ....

....

5. Dans une boutique de luxe → ....

7 **À vos plumes !**

À la manière de Baudelaire (exercice 4), décrivez une scène dans la ville qui vous émeut. Utilisez des figures de style variées.

Compétences validées	☹	😐	☺
J'ai produit une description organisée.			
J'ai employé différentes figures de style.			

ÉVALUATION

Je fais le point sur mes connaissances

1 Reliez les mots et expressions suivants aux registres de langue auxquels ils appartiennent.

je n'en ai cure •	• langage familier
galérer •	• langage courant
je suis fatigué •	• langage soutenu

.... /3

2 Dites si le contenu de chaque phrase est implicite ou explicite.

1. Cette fois-ci, tu es d'attaque pour escalader ce mur.

....

2. J'aimerais qu'enfin tu lises un roman jusqu'au bout.

....

3. Nous vous appellerons demain soir.

....

4. Tu pourrais être un peu plus à l'écoute des autres.

....

.... /4

3 Reliez ces phrases grâce à des connecteurs logiques en veillant à ne pas en changer le sens.

Nous décidâmes de partir en vacances .... nous avions accumulé de la fatigue et sentions que nous avions besoin de calme. Nous nous mîmes immédiatement en quête d'une destination ; .... nous pourrions partir au plus vite. .... comme nous ne pouvions emmener notre chat, il nous fallait trouver quelqu'un qui viendrait le nourrir.

.... /3

4 Soulignez et identifiez la figure de style employée dans chaque phrase.

1. Elle sortit tel l'éclair. ....

2. Elle quitta la scène sous un tonnerre d'applaudissements. ....

.... /4

5 Réécrivez ces phrases en mettant le verbe de la proposition principale à l'imparfait en veillant à la concordance des temps dans la subordonnée.

1. Tu crois que ce monsieur a besoin d'un bon avocat.

....

....

2. Nous répétons tous à nos enfants qu'il faut travailler.

....

....

.... /4

6 Modalisez ces énoncés en tenant compte de la nuance indiquée entre parenthèses.

1. Nous arriverons en gare de Marseille à 19 h 15. *(incertitude)*

....

....

2. La mode tyrannise les adolescents. *(jugement)*

....

....

.... /2

Total .... /20

Comptez vos points

Comptez 1 point par bonne réponse.

Vous avez 15 à 20 points : Bravo ! Ces notions n'ont plus de secrets pour vous !

Vous avez 11 à 14 points : Vous y êtes presque ! Encore quelques efforts et vous deviendrez incollable.

Vous avez 8 à 10 points : Vous êtes sur la bonne voie ! Relisez les pages 58 à 73 puis recommencez les exercices.

Vous avez 0 à 7 points : Relisez les pages 58 à 73. Pour comprendre vos erreurs, discutez-en avec votre professeur.

Je fais le point sur mes compétences

7 **Lisez ce texte et répondez aux questions.**

Madame Lefèvre et sa servante ont constaté dans leur jardin le vol d'une douzaine d'oignons.

Un fermier d'à côté leur offrit ce conseil : « Vous devriez avoir un chien ». C'était vrai, cela ; elles devraient avoir un chien, quand ce ne serait que pour donner l'éveil. Pas un gros chien, Seigneur ! Que feraient-elles d'un gros chien ! [...]. Mais un petit chien [...], un petit freluquet de *chien* qui jappe ! [...] On se mit à sa recherche [...] Or, le boulanger, qui savait les événements, apporta, un matin, dans sa voiture, un étrange petit animal tout jaune, presque sans pattes, avec un corps de crocodile, une tête de renard et une queue en trompette, un vrai panache, grand comme tout le reste de sa personne. Un client cherchait à s'en défaire. Mme Lefèvre trouva fort beau ce roquet immonde, qui ne coûtait rien. Rose l'embrassa, puis demanda comment on le nommait.

Guy de Maupassant, « Pierrot », *Contes de la Bécasse*, 1882.

a. Résumez ce texte en deux phrases.

b. De quelles manières les discours des personnages sont-ils rapportés ? Soulignez dans le texte : le discours direct en bleu, le discours indirect en rouge, et le discours indirect libre en vert.

c. Le portrait du chien est-il péjoratif ou mélioratif ? Justifiez votre réponse.

8 **Dictée préparée.** **Relisez le texte de l'exercice 7, répondez aux questions, puis écrivez cet extrait sous la dictée de votre professeur.**

a. Classez les verbes dans le tableau, selon qu'ils sont conjugués à l'imparfait ou au passé simple. Indiquez le sujet de chaque verbe relevé.

Imparfait	Passé simple

9 **À vos plumes !** **Écrivez une suite à ce récit en utilisant une comparaison, une métaphore, une hyperbole. Pour rapporter les paroles, vous utiliserez le discours direct et le discours indirect.**

Je comprenais mal les silences trop fréquents d'Auguste lorsque je lui demandais de me raconter sa vie sous l'Occupation. Un jour après dîner, nous étions seuls au salon quand spontanément il aborda le sujet...

Compétences validées	☹	😐	☺
Construire les notions permettant l'analyse et la production des textes et des discours.			
Prendre en compte les caractéristiques des textes lus ou à reproduire.			

29 L'accord du verbe avec son sujet

Je retiens

Un verbe conjugué s'accorde avec son **sujet** en **personne** et en **nombre**.

Le sujet est un nom ou un groupe nominal.

• S'il y a **deux sujets** au singulier, le verbe s'accorde au pluriel.
*Rome et Carthage **étaient** des cités ennemies.*

• Si le sujet est un **nom collectif seul** : *un grand nombre, un groupe, tout le monde, la foule...*, l'accord se fait au **singulier**. *Tout le monde **est** du même avis.*

• S'il est **suivi d'un complément**, le verbe peut s'accorder avec ce dernier.
*La majorité des gens **iront** voter.*

Le sujet est constitué d'un ou de plusieurs pronom(s).

Pronoms personnels	**Pronom relatif *qui***	**Pronoms indéfinis :** *aucun, on, personne...*	**Pronoms indéfinis :** *la plupart, beaucoup...*
moi / nous : *Raphaël et moi **faisons** souvent de la randonnée.* **toi / vous** : *Raphaël et toi **marchez** vite.*	L'accord du verbe se fait avec l'**antécédent**. *C'est moi qui **suis** là !*	L'accord du verbe se fait au **singulier**. *Chacun d'entre vous **prendra** la parole.*	L'accord du verbe se fait au **pluriel**. *La plupart **l'admirent**.*

Je m'exerce

1 Complétez chaque phrase avec le pronom personnel sujet qui convient en fonction des indices grammaticaux. Soyez attentif(-ive) aux accords.

1. ………… reviennent épuisées de la séance de gymnastique. **2.** Passionnés par l'étude du texte, ………… n'ont pas entendu la sonnerie retentir. **3.** Penses-………… achever ce travail à temps ?
4. Le professeur et ………… avons lu un poème à deux voix.

2 Remplacez les verbes à l'infinitif par des verbes conjugués à l'imparfait de l'indicatif en respectant les accords.

Au début, c'………… *(être)* de belles automobiles qui ………… *(arriver)* en ville. Georges n'en ………… *(avoir)* jamais tant vu.

La plupart ………… *(être)* d'imposantes limousines noires au capot d'une longueur incroyable [...]. Des trains ………… *(passer)* également à la gare. Georges ………… *(aller)* les voir. Certains ………… *(être bourré)* de voyageurs, d'autres ………… *(transporter)* les machines des usines démontées, d'autres encore ………… *(être chargé)* de blessés.

Philippe Barbeau, *Juin 1940 : Peur sur la route*, Nathan, 2003.

3 Complétez le texte en respectant les consignes.

Les albatros ………… *(pronom relatif et verbe être)* de grands oiseaux ………… *(suivre, présent indicatif)* les navires. De nombreux marins ………… *(aimer, présent indicatif)* capturer ces oiseaux des mers pour ………… *(pronom personnel)* faire du mal et pour se moquer de ………… *(pronom personnel)*. Ces voyageurs ailés ………… *(ressembler, présent indicatif)* aux poètes ………… *(pronom relatif et demeurer, présent indicatif)* incompris des hommes.

Je lis et je m'exprime

4 Lisez ce texte et répondez aux questions.

Candide, enrôlé malgré lui dans l'armée, découvre la guerre.

Les trompettes, les fifres, les hautbois, les tambours, les canons, formaient une harmonie telle qu'il n'y en eut jamais en enfer. Les canons renversèrent d'abord à peu près six mille hommes de chaque côté; ensuite la mousqueterie[1] ôta du meilleur des mondes environ neuf à dix mille coquins qui en infectaient la surface. [...] Le tout pouvait bien se monter à une trentaine de mille âmes. Candide [...] se cacha du mieux qu'il put pendant cette boucherie héroïque.

Voltaire, *Candide*, 1759.

1. **Mousqueterie**: fusillade.

a. Relevez et classez les sujets des verbes en fonction de leur nature. Que peut-on déduire de la place de l'homme dans cette scène?

b. Quelle figure de style est employée dans l'expression « boucherie héroïque » ? Que dénonce ainsi Voltaire?

5 Complétez les phrases suivantes en respectant les accords sujet-verbe.

1. La Grèce et l'Italie sont quomme des frères.
2. C'est vous qui oubliez les devoirs toutes fois.
3. La plupart des disciplines étudiées sont très ennuyantes.
4. Elle et moi ~~nous comprenons~~ nous comprenons vraiment bien.

6 Réécriture. Réécrivez le texte à la première personne du pluriel. Vous ferez tous les accords nécessaires.

Rica, un Persan, voyage en Europe et séjourne à Paris.

Lorsque j'arrivai, je fus regardé comme si j'avais été envoyé du ciel: vieillards, hommes, femmes, enfants, tous voulaient me voir. Si je sortais, tout le monde se mettait aux fenêtres; si j'étais aux Tuileries, je voyais aussitôt un cercle se former autour de moi.

À Paris, le 6 de la lune de Chalval, 1712.

Montesquieu, *Lettres persanes*, 1721.

7 À vos plumes!

Lorsqu'il se trouve à Paris, le Persan du texte de Montesquieu (exercice 6) fait l'objet de tous les regards. À l'inverse, décrivez avec humour les réactions d'un étranger qui découvre les habitudes (vestimentaires, alimentaires...) ou les coutumes des Parisiens.

Compétences validées

	☹	😐	☺
J'ai changé de point de vue (le regard d'un étranger sur les Parisiens).			
J'ai exprimé l'étonnement face aux habitudes/coutumes des Parisiens.			
J'ai fait preuve d'humour.			

30 Les accords dans le groupe nominal

Je retiens

- Les différents mots du **groupe nominal (GN)** s'accordent **en genre** (masculin ou féminin) **et en nombre** (singulier ou pluriel) **avec le nom-noyau**.

Le déterminant	L'adjectif	Le participe passé
s'accorde avec le nom qu'il détermine : *Les parents bienveillants.*	s'accorde avec le nom auquel il se rapporte : *L'éducation **sentimentale**.*	employé sans auxiliaire s'accorde avec le nom auquel il se rapporte : *La maison **abandonnée**.*

- Dans la **proposition subordonnée relative**, le genre et le nombre du **GN antécédent**, repris par le **pronom relatif** *qui*, détermine la terminaison du verbe de la subordonnée : ***L'homme** qui murmurait à l'oreille des chevaux.*
- **Au pluriel,** la majorité des noms et des adjectifs **prennent un -s** : *Des romans*.

Cas particuliers

Les noms en ***-au***, ***-eau***, ***-eu***, ***-al***, ***-ail***, ***-ou*** ont souvent un pluriel en ***-x*** : *des journaux, des anneaux, des cheveux, des travaux, des bijoux...* *Attention !* Il existe certaines exceptions : *des landaus, des pneus, des carnavals, des fous...*	**Les adjectifs de couleur** sont invariables **si** : • ils correspondent à un nom commun (marron, orange...) sauf *rose, mauve, pourpre* et *fauve*. *Des fleurs ivoire, Des fleurs roses ou mauves.* • ils sont composés de plusieurs noms ou adjectifs. *Des cheveux châtain clair.*

Je m'exerce

1 Mettez au pluriel les groupes nominaux suivants. Respectez les déterminants et les accords.

1. Un journal intime → ....
2. Une silhouette fine → ....
3. Un faux-ami → ....
4. Une relation amicale → ....
5. Le regard expressif → ....
6. Un point de vue → ....
7. Une vie exceptionnelle → ....
8. Ce héros → ....

2 Accordez les déterminants et les adjectifs entre parenthèses si c'est nécessaire.

Les personnages font une promenade en calèche.

Ils se trouvaient si bien dans .... *(leur)* .... *(vieux)* landau[1], ... *(bas)* comme un sofa et couvert d'une toile [...] .... *(déteint)* ! .... *(Le)* fossés .... *(plein)* de .... *(broussaille)* filaient sous leurs yeux, avec un mouvement .... *(doux)* et .... *(continu)*. .... *(Un)* rayons .... *(blanc)* traversaient comme une flèche .... *(la)* .... *(haut)* fougères ; quelquefois, un chemin, qui ne servait plus, se présentait devant eux, en ligne .... *(droit)* ; et .... *(une)* herbes s'y dressaient çà et là, mollement.

Gustave Flaubert, *L'Éducation sentimentale*, 1869.

1. **Landau** : voiture tirée par des chevaux.

Je lis et je m'exprime

3 **Décrivez l'espace quotidien : ouvrez les fenêtres de la classe et observez le décor. Dites très vite ce que vous voyez en utilisant le plus grand nombre de noms et d'adjectifs au pluriel.**

4 **Réenchantez la modernité ! Lisez *La Complainte du progrès*, chanson écrite en 1956 par Boris Vian.** Écoutez la chanson sur *YouTube*, puis, à tour de rôle, en binômes, proposez un groupe nominal (déterminant, nom et adjectif), au singulier ou au pluriel, afin de poursuivre la liste des biens de consommation.

« Viens m'embrasser
Et je te donnerai
Un frigidaire
Un joli scooter
Un atomixaire
Et du Dunlopillo
Une cuisinière
Avec un four en verre
Des tas de couverts [...] »

La Complainte du progrès, paroles de Boris Vian, musique d'Alain Goraguer ©Warner Chappell Music France, 1956.

5 **Lisez ce texte et répondez aux questions.**

Îles

Îles
Îles
Îles où l'on ne prendra jamais terre
Îles où l'on ne descendra jamais
Îles couvertes de végétations
Îles tapies comme des jaguars
Îles muettes
Îles immobiles
Îles inoubliables et sans nom
Je lance mes chaussures par-dessus bord car je
voudrais bien aller jusqu'à vous.

Blaise Cendrars, *Feuilles de route*, Denoël, 1924.

a. Quelles remarques vous inspire le titre ?

....

....

....

....

....

....

b. Indiquez la construction grammaticale de chacun des neuf premiers vers. Comment qualifieriez-vous les îles décrites par le poète ?

....

....

....

....

....

....

....

....

c. Quel(s) effet(s) produit le dernier vers ?

....

....

....

....

....

....

....

....

....

6 Complétez chaque groupe nominal par un adjectif, un participe passé ou une proposition relative en respectant les accords.

1. Un soleil → ....

2. Des arbres → ....

3. Trois papillons → ....

....

4. Des fleurs → ....

....

5. Les nuits → ....

7 Dictée préparée. Lisez le texte suivant et répondez aux questions.

Frédéric Moreau aperçoit sur le pont d'un bateau une femme dont la beauté l'éblouit.

Elle avait un large chapeau de paille, avec des rubans roses qui palpitaient au vent derrière elle. Ses bandeaux noirs, contournant la pointe de ses grands sourcils, descendaient très bas et semblaient presser amoureusement l'ovale de sa figure. Sa robe de mousseline claire, tachetée de petits pois, se répandait à plis nombreux. Elle était en train de broder quelque chose; et son nez droit, son menton, toute sa personne se découpait sur le fond de l'air bleu. [...]

Jamais il n'avait vu cette splendeur de sa peau brune, la séduction de sa taille, ni cette finesse des doigts que la lumière traversait. Il considérait son panier à ouvrage avec ébahissement, comme une chose extraordinaire...

Gustave Flaubert, *L'Éducation sentimentale*, 1869.

a. Entourez les adjectifs évoquant les couleurs et leurs nuances, puis expliquez leur accord.

....

....

....

....

b. Soulignez les verbes à l'imparfait de l'indicatif et justifiez leur accord.

....

....

....

....

c. Écrivez le texte sous la dictée de votre professeur.

8 À vos plumes !

Décrivez un paysage : choisissez dans un album de photos, un livre ou sur Internet un paysage (mer, montagne, campagne...) que vous aimez. Décrivez ce paysage en employant au moins cinq groupes nominaux (noms et adjectifs par exemple) et au moins trois mots relatifs aux couleurs. Puis expliquez dans un paragraphe les raisons pour lesquelles ce paysage vous plaît.

Compétences validées	☹	😐	☺
J'ai décrit un paysage et justifié ma préférence.			
J'ai respecté les accords des adjectifs de couleur.			
J'ai employé une langue correcte.			

31 L'accord du participe passé

Je retiens

Il existe **trois cas principaux d'accord du participe passé**.

Le participe passé

Sans auxiliaire	**Avec l'auxiliaire *être***	**Avec l'auxiliaire *avoir***	
Accord en genre et en nombre, comme un adjectif, avec le **nom** ou le **GN** qu'il qualifie. *Les fillettes ont eu des regards **étonnés**.*	**Accord** en genre et en nombre avec le **sujet**. *Elles sont **revenues**.*	**Pas d'accord** si le COD (complément de verbe) est placé **après** l'auxiliaire *avoir*. *Les garçons ont **lu** des nouvelles.*	**Accord** avec le COD s'il est placé **avant** l'auxiliaire *avoir*. *Voici les nouvelles que les garçons ont **lues**.*

Cas particulier des verbes pronominaux

- Quand le verbe est essentiellement pronominal ou de sens passif, le participe passé s'accorde en genre et en nombre avec le sujet.
*Elles se sont **méfiées**. La situation s'est vite **réglée**.*
- Quand le verbe est de sens réfléchi *(se voir)* ou réciproque *(se battre)*, le participe passé s'accorde avec le pronom complément **s'il est COD**.
*Ils se sont **rencontrés**.* (se = eux : COD) *Ils se sont **donné** rendez-vous.* (se = à eux : COI)

Les verbes pronominaux, p. 54-55.

Je m'exerce

1 ★ **Complétez le texte suivant avec ces différents verbes en vous aidant des accords des participes passés :** dissimulées • affamés et affaiblis • creusées • traquées • tapis.

> Des hommes .... et .... vivaient .... au cœur de la forêt. On les appelait « partisans ». [...] Ils vivotaient par petits groupes de six ou sept, dans les cachettes .... dans la terre, ... sous des broussailles, pareils à des bêtes ....
>
> D'après Romain Gary, *Éducation européenne*, Gallimard, 1945.

2 ★★ **Complétez le texte ci-dessous avec les participes passés des verbes indiqués entre parenthèses. Faites tous les accords nécessaires.**

> Le mois précédent, elle avait .... *(attendre)* la lettre mais en vain. En ce beau jour de printemps, le facteur la lui avait .... *(apporter)*. Elle n'avait pas .... *(oser)* l'ouvrir. Elle était .... *(rester)* longtemps à la regarder .... *(poser)* sur la table au milieu d'autres papiers qu'elle n'avait pas .... *(ranger)*. Enfin .... *(décider)*, elle avait .... *(prendre)* un coupe-papier et la lettre. Après l'avoir .... et .... *(ouvrir et parcourir)*, il lui avait .... *(falloir)* reconnaître qu'elle ne contenait rien de nouveau. Au moins il ne l'avait pas .... *(oublier)*... Elle se sentit alors .... *(rassurer)* et .... *(apaiser)* ; elle se mit à penser aux moments qu'ils avaient .... *(passer)* ensemble.

3 Soulignez les participes passés dans l'extrait suivant et justifiez leur accord.

Soudain Esther a frissonné : la corde bougeait ! Horrifiée, Esther regardait à travers les herbes les deux vipères enlacées qui glissaient et se tordaient sur la plage. À un moment, leurs têtes se sont détachées, leur mufle court, leurs yeux à la pupille verticale, leurs gueules entrouvertes. Les vipères restaient soudées l'une à l'autre, regardant fixement, comme en extase.

J.M.G. Le Clézio, *Étoile errante*, Gallimard, 1992.

4 Soulignez les participes passés des phrases suivantes et corrigez leur accord si nécessaire.

1. Elle s'est regardé longuement dans le miroir. →

2. Pendant l'entraînement, les coureurs se sont mutuellement encouragé et se sont passé le témoin.
→

3. Après s'être séparé, les deux amies se sont juré de se revoir. →

4. Dans un film de science-fiction, j'ai vu des acteurs qui s'étaient teint les cheveux en vert et qui s'étaient peint le visage en jaune. →

5. Ils se sont rendu compte de leur erreur avant qu'elle ne soit répété. →

Je lis et je m'exprime

5 Lisez à haute voix le récit suivant et imaginez la suite collectivement. Chaque élève ajoute une phrase contenant un passé composé en veillant à la logique du récit. Deux élèves notent les énoncés et lisent la production finale.

Marc […] et Jean-François ne s'étaient pas revus depuis plusieurs années, mais ils s'étaient retrouvés comme s'ils ne s'étaient jamais séparés. Ils s'étaient embrassés, installés, avaient commandé. Ils s'étaient abandonnés à la ferveur printanière en mangeant leur entrecôte…

Thomas Paris, *Avec ses moustaches*, Buchet-Chastel, 2006.

6 Devenez conteur ! Racontez à la classe une scène de votre choix au passé composé en utilisant au moins cinq verbes parmi les suivants. À la fin de votre présentation, épelez les participes passés que vous avez utilisés.

se regarder • se suivre • s'imaginer • s'éloigner • se distinguer • se dérouler • s'exclamer • se rencontrer

7 Lisez ce texte et répondez aux questions.

Jeanne se rend dans le grenier avant de quitter définitivement sa maison.

Elle apercevait mille bibelots connus jadis, et disparus tout à coup sans qu'elle y eût songé, des riens qu'elle avait maniés, ces vieux petits objets insignifiants qui avaient traîné quinze ans à côté d'elle, qu'elle avait vus chaque jour sans les remarquer, et qui, tout à coup, retrouvés là, dans ce grenier, à côté d'autres plus anciens dont elle se rappelait parfaitement les places aux premiers temps de son arrivée, prenaient une importance soudaine de témoins oubliés, d'amis retrouvés.

Guy de Maupassant, *Une vie*, 1883.

a. Soulignez les participes passés du texte p. 82 et expliquez l'effet qu'ils produisent à la lecture.

....

....

....

b. D'après vous, quel(s) sentiment(s) éprouve le personnage ?

....

....

....

8 Transformez les phrases suivantes selon l'exemple et accordez correctement le participe passé.

Exemple : *Marie m'a prêté une revue qui m'intéresse.* → *La **revue** que Marie m'a prêté**e** m'intéresse.*

1. Tu as dessiné une carte de France qui comporte des erreurs.

→ ....

2. Il a commis une faute inexcusable.

→ ....

3. Les politiques ont pris des décisions efficaces en matière de santé publique.

→ ....

....

4. Les prix littéraires ont récompensé de jeunes auteurs qui sont ainsi devenus célèbres.

→ ....

....

9 Réécriture. Réécrivez le texte en considérant que la narratrice voyage avec une amie. Justifiez les transformations que vous effectuerez.

La narratrice voyage au Japon avec son compagnon.

Notre guide nous a installés dans une des salles du temple, abritée mais ouverte sur un jardin, et nous y avons mangé le repas froid que nous avions apporté. Puis par une route de montagne toute neuve qui au départ domine de très haut la mer nous sommes descendus sur Shima, au bord du Pacifique. Nous y sommes arrivés de nuit et ç'a été une surprise, le matin, de découvrir le paysage.

Simone de Beauvoir, *Tout compte fait*, Gallimard, 1972.

....

....

....

....

....

10 À vos plumes !

Racontez un événement récent qui vous a marqué(e) en utilisant le passé composé. Respectez les accords.

Compétences validées

	☹	😐	☺
J'ai utilisé le passé composé à bon escient.			
J'ai composé un récit cohérent.			
J'ai écrit dans une langue correcte.			

32 Les homophones verbaux

Je retiens

Les homophones verbaux possèdent des terminaisons proches à l'oral mais qui ont des graphies différentes.

-er →	**infinitif** : *chanter* →	Peut être remplacé par un verbe se terminant en *-er* ou en *-ir* → *courir*
-é / ée -és / ées →	**participe passé** : *J'ai lu des histoires inventées*. →	Ne peut être remplacé par un verbe à l'infinitif se terminant en *-er* ou en *-ir*.
-ez →	• **indicatif présent** : *vous venez*. • **impératif présent** : *Venez !* →	Il n'y a pas de pronom sujet pour un verbe conjugué à l'impératif présent.
-ai -ais -ait →	• **indicatif imparfait** 1re, 2e, 3e pers. sing. : *je pensais, tu pensais, il pensait*. • **indicatif passé simple** 1re pers. sing. : *je pensai* →	Pour les différencier, remplacez le verbe par la 3e pers. du sing. : *il pensait* → imparfait *il pensa* → passé simple
→	• **indicatif futur simple,** 1re pers. sing. : *Je pourrai t'aider demain*. • **conditionnel présent,** 1re et 2e pers. sing. : *Je pourrais vous aidez, si vous le vouliez*. →	Pour les différencier, remplacez le verbe par la 3e pers. du sing. : *il pourra* → futur simple *il pourrait* → conditionnel

Je m'exerce

1 Classez les formes verbales soulignées dans le tableau suivant.

Les professeurs qui m'ont sauvé – et qui ont fait de moi un professeur – n'étaient pas formés pour ça. Ils ne se sont pas préoccupés des origines de mon infirmité scolaire. Ils n'ont pas perdu de temps à en chercher les causes et pas davantage à me sermonner. Ils étaient des adultes confrontés à des adolescents en péril. Ils se sont dit qu'il y avait urgence.Ils ont plongé. Ils m'ont raté. Ils ont plongé de nouveau, jour après jour, encore et encore... Ils ont fini par me sortir de là.

Daniel Pennac, *Chagrin d'école*, Gallimard, 2007.

Participe passé
....
....

Infinitif
....
....

2 Complétez ce texte en employant pour chaque verbe à l'imparfait de l'indicatif ou chaque participe passé la terminaison qui convient.

Les rues de sable ét.................. vides, seulement travers.................. par des chiens. Et clos les volets, clou.................. même, comme à l'approche d'un cyclone.

Pourquoi cette peinture fraîche sur certains murs ? Elle dégoulin.................. encore. Qu'avait-on voulu cacher ? En tout cas, le travail n'avait pas été bien fait. Là, un oiseau dépass.................. .

Erik Orsenna, *Les Chevaliers du subjonctif*, Stock, 2004.

3 Complétez les verbes des phrases suivantes avec les terminaisons qui conviennent :
-é • -er • -ez • -ais • -ait.

1. Quand l'homme a march.................. sur la Lune pour la première fois, cela a été une révolution scientifique. **2.** Imagin....................-vous l'événement dans le monde ? **3.** Nul n'est cens..................... ignor.................... la loi. **4.** Tu sav..................... qu'il part..................... pour un long voyage. Tu aur...... pu m'en informer.

Je lis et je m'exprime

4 Lisez ce texte et répondez aux questions.

« Mes enfants, commença M. Berthelot, comme si tout était parfaitement normal, mes enfants, le Conseil de classe se trouve donc réuni au grand complet. Comme vous le savez, vous y représentez vos camarades et vous êtes habilités à parler au nom de la classe. Si vous avez des cas particuliers à nous signaler, des améliorations à proposer, des suggestions à nous faire pour le déroulement du troisième trimestre, c'est votre rôle et nous vous écoutons. »

Kamo m'a regardé [...]. Ce qui m'a frappé, c'est qu'il a commencé par remercier tout le monde.

Daniel Pennac, *Kamo, l'idée du siècle*, Gallimard Jeunesse, 1993.

a. Relevez des homophones verbaux en justifiant vos choix.

....

....

....

....

....

....

....

b. Quel regard le narrateur porte-t-il sur Kamo ?

....

....

5 Dictée préparée. Lisez ce texte et répondez aux questions.

Je suis monté dans l'autobus de la porte Champerret. Il y avait beaucoup de monde, des jeunes, des vieux, des femmes, des militaires. J'ai payé ma place et puis j'ai regardé autour de moi. Ce n'était pas très intéressant. J'ai quand même fini par remarquer un jeune homme dont j'ai trouvé le cou trop long. J'ai examiné son chapeau et je me suis aperçu qu'au lieu d'un ruban il y avait un galon tressé. Chaque fois qu'un nouveau voyageur est monté, il y a eu de la bousculade.

Raymond Queneau, *Exercices de style*, Gallimard, 1947.

a. Soulignez les formes du participe passé et justifiez votre réponse.

....

....

....

....

....

....

b. Entourez les marques de l'imparfait de l'indicatif et expliquez-les.

....

....

6 À vos plumes !

Écrivez, sur un thème de votre choix, un texte en vers ou en prose, qui repose sur un jeu d'homophones. Vous soulignerez les homophones dans votre production.

Compétences validées

	☹	😐	☺
J'ai employé des homophones que j'ai soulignés.			
J'ai écrit dans une langue correcte.			

33 Les homophones grammaticaux

Je retiens

- Les **homophones se prononcent de la même manière**, mais leur **orthographe varie** selon leur nature et leur emploi.
- Pour les **reconnaître**, il faut s'interroger sur la classe grammaticale des mots et **faire des substitutions**.

Homophones	Classe grammaticale du mot	Peut être remplacé par
• **m'ont** • **mon**	• pronom personnel élidé (*m'*) + *avoir* • déterminant possessif	→ m'avaient → ton / son
• **m'a(s)** • **ma**	• pronom personnel élidé + *avoir* • déterminant possessif	→ m'avait / m'avais → ta / sa
• **ce** • **se** • **ceux**	• déterminant démonstratif • pronom démonstratif • pronom personnel • pronom démonstratif masculin pluriel	→ ce… -ci → cela → me / te → celles
• **ces** • **ses**	• déterminant démonstratif • déterminant possessif	→ ces… -ci → mes / tes
• **sa** • **ça** • **çà**	• déterminant possessif • forme contractée du pronom démonstratif *cela* • adverbe de lieu	→ ma / ta → cela → çà et là
• **l'as / l'a** • **la** • **là**	• pronom personnel élidé (*l'*) + *avoir* • article défini • adverbe de lieu	→ l'avais / l'avait → une → ici et là
• **leur(s)** • **leur**	• déterminant possessif • pronom personnel invariable	→ mon / ma / mes → me / te / se
• **tout** • **tous**	• déterminant indéfini • adverbe invariable • pronom indéfini	→ tous les → tout à fait → chacun
• **même(s)** • **même**	• adjectif ou pronom indéfini • adverbe invariable qui a le sens d'aussi	→ semblable(s) → aussi

Je m'exerce

1 Pour chaque phrase, entourez la forme qui convient.

1. *M'ont / Mon* travail est achevé. **2.** C'est avec brio que *ma / m'a* mission a été accomplie. **3.** Les metteurs en scène *mon / m'ont* attribué le plus beau rôle. **4.** La place qu'il *m'a / ma* accordée est de loin la meilleure. **5.** Les écrivains empruntent souvent *leurs / leur* personnages à *leur / leurs* enfance. **6.** Envoie-*leur / leurs* des livres divertissants.

2 Complétez ces phrases avec l'homophone qui convient : l'as • la • là.

Comment se rendre à .... bibliothèque municipale ? À .... sortie du collège, il faut prendre .... première rue à droite. De ...., on continue jusqu'à .... librairie, puis on .... dépasse.
À .... nouvelle intersection, tu tournes à gauche vers le musée. La bibliothèque se situe ...., dans la continuité du musée. Est-ce que tu .... déjà visité ?

3 Complétez ce texte avec le terme qui convient : ce • se • ceux • ses.

1. .... jeune homme est passionné par le tennis. **2.** La pratique de .... sport à haut niveau l'oblige à .... rendre chaque jour à l'entraînement. **3.** Il ne compte pas .... heures et ne ménage pas .... efforts. **4.** .... résultats sont désormais excellents. **5.** Tous .... qui suivent .... progrès admettent qu'il a toutes .... chances de remporter le prochain tournoi.

4 Identifiez la nature de *tout* dans le texte suivant, puis justifiez chaque emploi.

Toute la ville de Lyon est illuminée pour la fête des Lumières. Les rues sont tout éclairées et noires de monde. Tous les promeneurs regardent les décorations ; ils ont tous un air émerveillé.

....

....

5 Précisez la nature de *même* dans chacune des phrases.

1. Les mêmes causes produisent les mêmes effets. ....

2. Les journaux en ont même parlé pendant un mois. ....

3. Les personnages sont-ils restés les mêmes à travers l'histoire des Rougon-Macquart ? ....

4. Les héros ont même fait le tour du monde en quatre-vingts jours. ....

Je lis et je m'exprime

6 Lisez ce texte et répondez aux questions.

Lettre à mon potier

Monsieur,

Je ne tournerai pas autour du pot.
Le pot de grès
Traité de gré à gré
Avec vous...
Et que je trouvais fort à mon gré
N'agrée pas à mon épouse.
À dire vrai, ce n'est pas le pot
Qui n'agrée pas,
C'est le grès !
Elle n'aime pas le grès !
Vous comprendrez donc
Que bon gré, mal gré,
Je ne saurais...
De force ou de gré
Garder ce pot
Contre son gré.
En conséquence,
Malgré que ce grès m'agrée,
Je vous saurais gré
D'échanger ce grès
Contre un autre pot
Plus à son gré.

Veuillez agréer, Monsieur, avec mes regrets, etc.

Raymond Devos, *Sens dessus dessous*, Stock, 1976.

a. Relevez les homophones du texte et précisez leur sens dans le contexte.

....

....

....

b. Comment l'auteur parvient-il à maintenir l'attention du lecteur ?

....

....

7 Lisez ce texte et répondez aux questions.

Il y a des gens qui sont mal logés, mal couchés, mal habillés et plus mal nourris ; qui essuient les rigueurs des saisons ; qui se privent eux-mêmes de la société des hommes, et passent leurs jours dans la solitude ; qui souffrent du présent, du passé et de l'avenir ; dont la vie est comme une pénitence continuelle, et qui ont ainsi trouvé le secret d'aller à leur perte par le chemin le plus pénible : ce sont les avares.

Jean de La Bruyère, *Les Caractères*, 1688.

a. Relevez dans le texte des homophones grammaticaux et justifiez leur orthographe.

....

....

....

b. Soulignez toutes les expansions du GN « des gens ». Expliquez la construction de la phrase. Sur quoi insiste-elle ?

....

....

....

c. Comment la dernière proposition s'oppose-t-elle au reste de la phrase ? Quel est l'effet produit ?

....

....

....

8 Proposez trois phrases où vous emploierez les homophones suivants : sa • ça • çà.

sa → ....

ça → ....

çà → ....

9 Dictée préparée. Lisez le texte suivant et répondez aux questions.

Le Roi. – Mes amis, je vous ai annoncé, il y a déjà longtemps, les fiançailles de ma chère Elsbeth avec le prince de Mantoue. Je vous annonce aujourd'hui l'arrivée de ce prince ; ce soir peut-être, demain au plus tard, il sera dans ce palais. Que ce soit un jour de fête pour tout le monde ; que les prisons s'ouvrent, et que le peuple passe la nuit dans les divertissements. Rutten, où est ma fille ? *(Les courtisans se retirent.)*

Alfred de Musset, *Fantasio*, 1834.

a. Soulignez les différents emplois de *ce* et *se* dans cet extrait et précisez la classe grammaticale de ces mots.

....

....

b. Justifiez l'orthographe de *tout* (« tout le monde »).

....

c. Écrivez le texte sous la dictée de votre professeur.

10 À vos plumes !

Le dessinateur belge de bande dessinée Philippe Geluck prête à son personnage du Chat les paroles suivantes : « Écrire sans faute ou écrire cent fautes, certains ont déjà du mal à ce stade. » À votre tour, proposez un texte amusant qui reposera sur un jeu d'homophones.

Compétences validées

	☹	😐	☺
J'ai employé des homophones.			
J'ai produit un texte amusant ou comique.			
J'ai écrit une phrase correcte.			

34 Les adverbes en *-ment*

Je retiens

L'**adverbe** modifie ou complète le sens d'un verbe, d'un adjectif ou d'une phrase. C'est un **mot invariable**.

- La plupart des **adverbes de manière** se forment à partir d'un **adjectif** auquel on ajoute le suffixe *-ment*.

Adjectif qualificatif se terminant par une consonne au masculin *franc, franche*	+	**-ment**	=	**adverbe** *franchement*
Adjectif qualificatif se terminant par une voyelle au masculin *assuré, vrai, poli*	+	**-ment**	=	**adverbe** *assurément, vraiment, poliment*
Adjectif qualificatif se terminant par ***-ent*** ou ***-ant*** au masculin *patient, méchant*	+	**-emment** **-amment**	=	**adverbe** *patiemment, méchamment*

- **Certains adverbes sont irréguliers :** *bref* → ***brièvement*** ; *gentil* → ***gentiment*** ; *traître* → ***traîtreusement***...

Je m'exerce

1 Composez un adverbe à partir de chaque adjectif proposé.

1. bruyant → ....

2. joli → ....

3. tel → ....

4. intelligent → ....

5. réel → ....

6. faux → ....

Je lis et je m'exprime

2 Dictée préparée. Lisez le texte et répondez aux questions.

Voici le portrait du père d'Emma Bovary.

Le père Rouault n'eût pas été fâché qu'on le débarrassât de sa fille, qui ne lui servait guère dans sa maison. Il l'excusait intérieurement, trouvant qu'elle avait trop d'esprit pour la culture, métier maudit du ciel, puisqu'on n'y voyait jamais de millionnaire. Loin d'y avoir fait fortune, le bonhomme y perdait tous les ans ; car, s'il excellait dans les marchés, où il se plaisait aux ruses du métier, en revanche, la culture proprement dite, avec le gouvernement intérieur de la ferme, lui convenait moins qu'à personne. [...] Il aimait le gros cidre, les gigots saignants, les *glorias*[1] longuement battus.

1. ***Glorias*** : cafés sucrés avec de l'eau de vie ou du rhum.

Gustave Flaubert, *Madame Bovary*, 1857.

a. Soulignez les adverbes en *-ment* et entourez les adjectifs sur lesquels ils sont formés.

b. Justifiez l'orthographe de « saignants ».

....

c. Écrivez le texte sous la dictée de votre professeur.

3 À vos plumes !

Racontez au présent une journée du futur, en utilisant au moins dix adverbes en *-ment*.

1er septembre 2518... C'est la rentrée des classes...

Compétences validées	☹	😐	☺
J'ai utilisé des indicateurs de temps.			
La forme des adverbes est correcte.			

35 La formation des mots

Je retiens

Tous les mots sont formés à partir d'une racine, majoritairement empruntée

au **latin**	au **grec ancien**	à d'autres **langues étrangères**
equus → *équestre*	hippos → *hippique*	*zéro, match, camarade...*

Les mots formés à partir d'une même racine appartiennent à la même **famille**.
→ *audition, audio, auditorium...*

Les mots d'une famille peuvent être construits par **dérivation**, en ajoutant des préfixes et / ou des suffixes à un radical.

Préfixe :		**Radical**		**Suffixe :**
modifie **le sens du mot** *a-, ad-, dé-, ex-, re-...* → *admission, démission*	+	**Radical**	+	• modifie la **nature du mot** *-ité, -ment, -al...* → *cordial, cordialement* • modifie **le sens du mot** *-asse, -et(te), -cide...* → *fourche, fourchette*

Certains mots sont aussi construits par **composition**.

Plusieurs mots sont associés

à l'aide d'un **trait d'union**	par **soudure**	par **juxtaposition**
pique-nique	*portefeuille*	*compte rendu*

Je m'exerce

1 Entourez le radical des mots suivants.

1. démontage
2. cohabitation
3. symphonique
4. inaudible
5. remédier
6. affaiblissement
7. descriptif
8. projectile

2 À partir de chaque radical de l'exercice 1, trouvez un nouveau mot qui soit le plus différent possible. Il est possible de modifier légèrement le radical pour les deux derniers mots.

1. démontage → ....
2. cohabitation → ....
3. symphonique → ....
4. inaudible → ....
5. remédier → ....
6. affaiblissement → ....
7. descriptif → ....
8. projectile → ....

3 Le verbe *voir* vient du latin *video*, *es*, *ere*, *vidi*, *visum*. Cette famille comporte donc des mots formés de radicaux qui peuvent être très différents.

a. En vous aidant si besoin d'un dictionnaire, expliquez le lien entre le sens du mot « voir » et ces mots, issus du radical *vid-* :

• vidéosurveillance : ....
• vidéoprojecteur : ....
• évident : ....

b. En ajoutant des préfixes et des suffixes, trouvez au moins dix mots issus du radical *vis-*.

....

....

c. Quelle est la différence entre :

- « prévisible » et « prévoyant » ? ....

....

- l'adjectif et le nom « voyant » ? ....

....

- « prévoir » et « pourvoir à » ? ....

....

4 **Cherchez les racines grecques de chacun des mots suivants, puis trouvez le mot français qui est formé à partir de ces racines. Vous pouvez faire des recherches si besoin.**

Exemple : très petit, monde ➩ microcosme.

1. soi-même, vie, écrire → ....

2. araignée, peur → ....

3. seul, pouvoir → ....

4. nouvelle parole (utilisé quand on crée un nouveau mot) → ....

5. très grande ville (formée de plusieurs agglomérations) → ....

6. grand nombre de dieux → ....

7. qui déteste les femmes → ....

5 **Écrivez le pluriel de ces mots composés.**

1. un chou-fleur → ....

2. un grand-père → ....

3. un rond-point / un rondpoint → ....

4. un rouge-gorge / un rougegorge → ....

5. un porte-monnaie / un portemonnaie → ....

....

> **À noter**
> Une réforme de l'orthographe a introduit un changement de **règles concernant les mots composés**, ce qui explique que vous ne les trouverez pas toujours écrits de la même façon dans les textes.

6. un coffre-fort → ....

7. une pomme de terre → ....

8. un haut-parleur / un hautparleur → ....

Je lis et je m'exprime

6 **Formez des équipes de quatre. Chacun écrit une liste de mots composés d'un préfixe, d'un radical et d'un suffixe, et les fait deviner au reste de son équipe, en donnant des définitions ou des explications. Attention, il ne faut prononcer aucun mot de la même famille ! Celui qui a fait deviner le plus de mots en une minute a gagné.**

7 **Changez la nature des mots suivants, à l'aide de préfixes, de suffixes ou en modifiant le radical si nécessaire.**

Vous transformerez les adjectifs en verbes, les verbes en noms, les adverbes en noms et les noms en verbes.

Adjectifs : vif • long • seul

Verbes : venir • battre • penser

Adverbes : fréquemment • honorablement • sereinement

Noms : mémoire • apprentissage • expérience

8 Lisez ce texte et répondez aux questions.

Les parents d'un bébé, surnommé « le tube » parce qu'il ne fait que manger et digérer, l'amènent en consultation chez des médecins.

Les yeux du tube ne cillèrent pas quand les praticiens les examinèrent avec une lampe.

– Cet enfant ne pleure jamais, ne bouge jamais. Aucun son ne sort de sa bouche, dirent les parents.

Les médecins diagnostiquèrent une « apathie pathologique », sans se rendre compte qu'il y avait là une contradiction dans les termes.

Amélie Nothomb, *Métaphysique des tubes*, Albin Michel, 2000.

a. Quel nom est de la même famille que « cillèrent » ? Que signifie ce verbe ?

....

....

....

b. Décomposez le mot « praticien ». Qui désigne-t-il ?

....

....

....

....

c. « Aucun son ne sort de sa bouche. » À l'aide d'un préfixe privatif et de la racine grecque liée au son, trouvez le mot qualifiant cette caractéristique. ....

d. En vous aidant de l'étymologie, expliquez la « contradiction » de l'expression soulignée dans le texte. Quelle figure de style qualifie ainsi l'association de deux mots de sens contraire ?

....

....

....

....

9 Lisez ce texte et répondez aux questions.

Marcher était d'une utilité indéniable. Cela permettait d'avancer en voyant le paysage mieux qu'à quatre pattes. Et qui dit marcher dit courir : courir était cette trouvaille fabuleuse qui rendait possibles toutes les évasions. On pouvait s'emparer d'un objet interdit et s'enfuir en l'emportant sans être vue de personne. Courir assurait l'impunité des actions les plus répréhensibles.

Amélie Nothomb, *Métaphysique des tubes*, Albin Michel, 2000.

a. Que signifie le suffixe utilisé dans les mots « indéniable » et « répréhensibles » ? Expliquez le sens de ces mots puis citez-en cinq autres formés avec ce suffixe.

....

....

....

....

....

....

....

b. Quelle est l'étymologie de « fabuleuse » ? Que signifie ce mot dans le texte ? Quel verbe, de la même famille, signifie « raconter des histoires » ?

....

....

....

c. Quel préfixe est employé dans le mot « évasion » ? De quel mot latin vient-il ? Précisez son sens.

....

d. Expliquez la formation et le sens de « impunité ».

....

....

10 **Complétez les phrases avec l'adverbe qui convient. Faites attention à l'orthographe.**

formellement • indubitablement • irrémédiablement • malencontreusement • uniformément

1. Suite au séisme, ma voiture a été .... détériorée : le garagiste dit qu'il est impossible de la réparer.
2. Ils ont .... égaré les clés de la maison.
3. Il est .... interdit de piétiner les pelouses de ce parc.
4. Je te conseille de répartir la peinture .... pour éviter les traces.
5. Je me suis .... trompé d'adresse : c'est un inconnu qui m'a ouvert la porte.

Comparons nos langues

Pour former la plupart des adverbes, nous avons recours au suffixe *-ment*, très proche de *mente* utilisé en espagnol et en italien. En anglais en revanche, c'est le suffixe *-ly* qui est le plus employé (*general* → *generally*).

11 **Cherchez si besoin la définition des mots ou expressions ci-dessous. Employez-les ensuite dans une phrase, qui en éclairera le sens.**

1. casus belli → ....
2. péplum → ....
3. alibi → ....
4. forum → ....
5. ultimatum → ....
6. curriculum vitae → ....
7. référendum → ....

12 **Transformez ces phrases en utilisant un mot formé avec le suffixe *-cide,* qui signifie *tuer* en latin.**

1. Ce produit tuera efficacement tous les insectes. ....
2. Le prévenu sera condamné puisqu'il a tué trois personnes. ....
....
3. L'assassin du roi reste introuvable. ....
4. Comment a-t-il pu tuer son propre frère ? ....

13 **Réécriture. a. Recopiez la phrase en modifiant les mots en gras à l'aide d'un suffixe diminutif.**

Il habitait dans une jolie **maison**, au **jardin** bien entretenu, derrière lequel il pouvait garer son **camion**.

....
....
....

b. Faites le même exercice, mais en employant un suffixe péjoratif.

Le repas servi était **fade**. Une sauce **verte** sans goût accompagnait la viande **rouge**.

....
....
....

14 **À vos plumes !**

Imaginez en quelques lignes une journée pendant laquelle tout est allé de travers. Utilisez le plus possible de mots terminés par le suffixe *-able / -ible*.

Compétences validées

	☹	😐	☺
J'ai raconté les événements d'une journée dans son ensemble.			
J'ai utilisé au moins quatre mots avec le suffixe demandé.			
J'ai raconté ou décrit quelques désagréments.			

36 Les reprises nominales et pronominales

Je retiens

Les reprises nominales

On peut remplacer un nom ou un GN par un autre nom ou GN en utilisant

- **un nom de la même famille.** *Je lis **un livre** de Maupassant. **Cette lecture** me passionne.*
- **le même nom introduit par un déterminant différent.** *Il a sollicité **un** ami. **Cet** ami l'a aidé.*
- **un synonyme.** *Il se mit en **colère**. Quelle **fureur**!*
- **une périphrase.** *Louis Aragon, **le célèbre poète engagé**.*
- **un terme générique.** *La cigale et la fourmi, **les insectes**.*

Les reprises nominales ont plusieurs rôles

- Éviter les répétitions.
- Apporter des informations complémentaires.
- Donner un point de vue : *Je viens de voir un film, **un pur chef-d'œuvre**.*
- Résumer une information : *L'armistice a été signé en 1945. **Cet événement** est toujours célébré.*

Les reprises pronominales

On peut reprendre les noms avec des pronoms qui appartiennent à différentes classes : pronoms personnels, démonstratifs, possessifs, indéfinis, adverbiaux : *Je suis allé **à la mer** ; j'**y** suis allé ; j'**en** reviens.*

Je m'exerce

1 Complétez les phrases suivantes avec le pronom qui convient en suivant les indications.

1. Plusieurs coureurs se sont échappés du peloton, parmi ceux-là (*démonstratif*) figure le favori.

2. La pluie a surpris les promeneurs ; elle (*personnel sujet*) les (*personnel complément*) a obligés à trouver un abri de fortune.

3. Ma raquette de tennis est trouée. Peux-tu me prêter la tienne (*possessif*) ?

2 Soulignez les reprises nominales et pronominales. Précisez leur catégorie.

Exemple : *Je lis avec bonheur* Le Grand Meaulnes. *Ce roman (reprise nominale / terme générique) a fait rêver de nombreuses générations.*

1. Les voyageurs sont ravis, car l'aubergiste leur a servi un dîner qui leur a redonné des forces. .... **2.** Les chasseurs s'enfoncèrent dans les bois avec les chiens. Ces molosses finirent par débusquer le gibier. .... **3.** Dans le ciel un aigle noir apparut. Il était prêt à fondre sur les proies. .... Celles-ci ont été piégées. .... **4.** Peu d'écrivains ont atteint la notoriété de Victor Hugo ; l'auteur des *Misérables* est connu dans le monde entier. ....

3 Reliez les périphrases aux animaux et aux végétaux qu'ils désignent dans les fables de La Fontaine.

Le roi des animaux •	• Les poules
La gent qui porte crête •	• Les grenouilles
Celui de qui la tête au ciel était voisine •	• Les souris
La gent qui trotte-menu •	• Le chêne
Les filles du limon •	• Le lion

Je lis et je m'exprime

4 Lisez ce texte et répondez aux questions.

L'inconnu s'écroula et ses râles d'agonie furent couverts par les réverbérations du fracas des détonations. Pierre se précipita vers la chambre de Josette, pour la rassurer. Elle n'avait pas bougé et il eut soudain peur qu'il lui soit arrivé malheur... Il tira l'édredon, faisant apparaître le traversin qui donnait l'illusion d'une présence. Il posa le fusil et descendit les marches à la volée, au risque de se rompre les os. Son doigt s'écrasa sur la commande électrique. La lumière crue éclaira le désastre...

Didier Daeninckx, *Main courante*, © Verdier, 1997.

a. Par quelles reprises nominales et pronominales les personnages sont-ils désignés tour à tour ?

....

....

....

....

....

....

b. Quel rôle jouent ces reprises dans le récit ?

....

....

c. Quel est l'effet produit par le groupe nominal « le désastre » ?

....

....

....

5 Remettez les phrases suivantes dans l'ordre logique en respectant les reprises nominales et pronominales.

2 Elle a pu être observée aussi en Allemagne, en Autriche et en Hongrie.

1 Une éclipse de soleil a été visible en France le 11 août 1999.

4 En effet, il ne se produit dans une région donnée qu'une fois tous les quatre cents ans.

5 L'éclipse du 11 août 1999 n'a été totale en France qu'au nord, de Cherbourg à Strasbourg.

3 Un tel phénomène est exceptionnel.

6 Le texte suivant comporte des ambiguïtés dues à la répétition du pronom personnel « il ». Corrigez le texte en remplaçant le pronom, quand cela est nécessaire.

Alexandre, à la sortie du bureau, a cédé, malgré lui, à l'insistance de Vladimir et a pris le métro en sa compagnie. Comme il .... l'appréhendait, il .... a évoqué des problèmes professionnels pendant tout le trajet. Il .... a cherché à savoir ce qu'il .... pensait de la situation de la société qui l'emploie mais il n'avait pas envie de répondre. Il .... l'énervait, alors qu'il aurait voulu se détendre un peu.

7 À vos plumes !

Racontez au passé composé une journée inoubliable passée avec un(e) ami(e).
Votre texte fera une dizaine de lignes et vous utiliserez de nombreux verbes transitifs. Une fois votre texte rédigé, vous le relirez en vérifiant l'accord de tous les participes passés.

Compétences validées	☹	😐	☺
J'ai décrit la scène et les réactions du personnage.			
J'ai employé des reprises nominales et pronominales.			
J'ai respecté les temps du récit initial.			

37 Exprimer un jugement

Je retiens

Formuler un jugement, c'est exprimer un point de vue **personnel subjectif**.

Plusieurs procédés peuvent être utilisés

Formuler un jugement	Prendre position	Nuancer un jugement	Renforcer un jugement	Mettre en valeur un jugement
• Termes mélioratifs (valorisants). • Termes péjoratifs (dévalorisants).	• Marques de la personne : *selon moi, je.* • Verbes *affirmer, estimer.*	Termes exprimant le doute : *peut-être, il semblerait.*	Verbes *devoir, falloir, être certain.*	• Phrases interrogatives ou exclamatives : *C'est merveilleux !* • Figures de style (répétition, comparaison) : *Beau comme le ciel !*

Je m'exerce

1 Classez les mots suivants selon leur nature et leur valeur.

intéressant • exquise • blâmer • bleuâtre • irrespectueux • louer • méfait • criailler • élégance • dédaigner • coopération • admirer

	Valeur méliorative	Valeur péjorative
Noms	....	....
Adjectifs	....	....
Verbes	....	....

2 Dites si chaque phrase comporte des termes objectifs (simple constat neutre) ou subjectifs (prise de position). Soulignez les éléments qui montrent la subjectivité du propos.

1. L'accident ferroviaire qui vient de se produire n'a fait aucune victime. → ....

2. On déplore une nouvelle catastrophe aérienne. → ....

3. Des inondations ont contraint les habitants de ce village isolé à être évacués en barque. → ....

4. Assurément les équipes de sauvetage ont fait preuve d'un courage exemplaire. → ....

3 Transformez les énoncés objectifs suivants en phrases subjectives. Ajoutez toutes les marques de subjectivité que vous jugez nécessaires.

1. Les musées sont fermés le mardi. ....

....

2. La pièce de théâtre *Rhinocéros* est lue au collège. ....

....

3. Cet écrivain a écrit deux romans sous des noms différents. ....

....

4. Cette saga a plus de sept cents pages. ....

....

Je lis et je m'exprime

4 **Exprimez votre avis ! Présentez à la classe un livre que vous avez lu récemment en donnant votre avis.** Utilisez les marques du jugement : première personne du singulier, lexique valorisant ou dévalorisant, verbes d'opinion...

5 **Défendez votre point de vue en public ! Organisez un débat au sein de la classe sur un sujet d'actualité : la téléréalité, la mode ou Internet.**
Un(e) élève prend la parole pour soutenir son point de vue, un(e) autre le contredit, un(e) autre encore le nuance... Employez des marques du jugement.

6 **Lisez ce texte et répondez aux questions.**

> En défendant la nature, l'homme défend l'homme : il satisfait à l'instinct de conservation de l'espèce. Les innombrables agressions dont il se rend coupable envers le milieu naturel [...] ne vont pas sans avoir des conséquences funestes pour sa santé et pour l'intégrité de son patrimoine héréditaire. Rappellerons-nous que, du fait de la pollution radioactive causée par les explosions des bombes nucléaires, tous les habitants de la planète, surtout les plus jeunes, portent dans leur squelette des atomes de métal radioactif ? [...] Protéger la nature, c'est donc en premier, accomplir une tâche d'hygiène planétaire.
>
> Jean Rostand, *Préface au livre d'Édouard Bonnefous, Sauver l'humain*, Flammarion, 1975.

a. Quel est le thème traité dans ce texte ?

....

....

b. Résumez l'idée principale du texte en vous appuyant sur des mots-clés.

....

....

....

c. Quel point de vue l'auteur défend-il ? Relevez des marques du jugement précises.

....

....

....

....

7 **Réécriture. Réécrivez les phrases suivantes de manière à exprimer un doute ou une incertitude.**

1. Le professeur organisera un voyage en Grèce. ....

2. La vie existe sur d'autres planètes. ....

3. Le candidat le plus jeune arrive en tête du classement. ....

....

4. On envisage une autre solution pour régler le problème de santé publique. ....

....

5. Un fer à cheval ou un trèfle à quatre feuilles portent bonheur. ....

....

6. Le remède est efficace. ....

7. « J'ai commencé ma vie comme je la finirai : au milieu des livres. » (Sartre) ....

....

8 **À vos plumes !**

Rédigez la critique, favorable ou défavorable, d'un film récent ou d'un spectacle que vous avez vu.
Vous utiliserez des marques du jugement.

Compétences validées

	☹	😐	☺
J'ai organisé mon propos.			
J'ai exprimé un point de vue personnel.			
J'ai écrit dans une langue correcte.			

38 Exprimer des sentiments

Je retiens

Un **sentiment** est ce que l'on éprouve face à une personne ou à une situation.

Termes mélioratifs (valorisants) pour traduire

- **l'espoir :** *confiance, optimiste, désirer*
- **le bonheur :** *joie, ravi, se réjouir*
- **l'amour :** *affection, tendre*
- **la sérénité :** *tranquillité, calme*

Termes dépréciatifs (dévalorisants) pour traduire

- **le désespoir :** *pessimisme, désespérer*
- **le malheur :** *tristesse, affligé*
- **la haine :** *inimitié, furieux, détester*
- **la peur :** *frayeur, terroriser*

Je m'exerce

1 Rédigez une définition personnelle des mots suivants et proposez un exemple. Vous pouvez vous aider d'un dictionnaire papier ou numérique.

1. sens : ....

....

....

2. sensations : ....

....

....

3. sentiments : ....

....

2 Complétez les énoncés en choisissant le mot qui convient parmi ceux de la liste suivante.

furieux • aversion • pathétique • allégresse • affliction • amertume • gratitude

1. Sentiment de haine très fort : avoir de l'.................... à l'égard de quelqu'un. **2.** Qui émeut, qui suscite la pitié : une scène .... **3.** Joie très vive qu'on exprime : manifester son .... **4.** Chagrin profond : être plongé dans ....

3 Indiquez quel sentiment expriment les mots suivants. Citez trois d'entre eux qui désignent l'intensité la plus forte de ce sentiment.

effroi • terreur • inquiétude • appréhension • épouvante • anxiété • frayeur • crainte

....

....

4 Identifiez les types de sentiments de la liste suivante puis précisez les liens qu'ils entretiennent entre eux. Employez ensuite trois mots au choix dans une phrase.

enflammé • torride • nuire • haineux • ardent • brûler • palpitant • idolâtrer • exécrer • séduisant • abhorrer • galamment • ressentiment

....

....

Je lis et je m'exprime

5 **Partagez vos impressions : rendez compte à l'oral d'une visite ou d'un voyage qui vous a plu ou déplu, enthousiasmé(e) ou ennuyé(e). Employez au moins cinq mots exprimant vos sentiments.**

6 **Lisez ce texte et répondez aux questions.**

Quand tu sors de l'école, tu n'es pas de ceux qui restent à jouer sur la place ou à traîner par les rues. Dès que vous êtes libérés, tu rentres en courant à la ferme. Une peur dévorante t'habite. La peur qu'un jour, à ton retour de l'école, tu trouves la maison vide et que ta mère soit partie, t'ait abandonné. Lorsqu'en arrivant hors d'haleine tu la vois, tu es soulagé, apaisé, et tu ne la quittes plus. Où qu'elle aille, tu es fourré dans ses jupes et participes par le regard à tout ce qu'elle fait.

Charles Juliet, *Lambeaux*, Gallimard, 1995.

a. Qui est désigné par « tu » ?

....

....

....

....

....

....

b. Quel souvenir est rapporté ? Justifiez votre réponse.

....

....

c. Dans ce récit, comment est exprimé le sentiment dominant ? Relevez des indices précis.

....

....

....

7 **Complétez les phrases suivantes de manière à exprimer la force d'un sentiment.**

1. La première fois que je l'ai rencontré, ...

2. Lorsque nous avons vu le portrait s'animer, ...

3. La nuit, on entendait des bruits étranges dans la maison ; ces bruits ....

4. Ce fut un jour ....

5. Lorsque nous nous sommes séparés sur le quai de la gare, ...

8 **Réécriture. Réécrivez ces phrases de manière à exprimer un sentiment opposé.**

1. Cet auteur se montre féroce dans ses jugements. ....

2. Ce héros m'apparaît très sympathique. ....

3. Ce personnage cultive l'amitié. ....

4. Je me languis de vous. ....

5. Je déteste les histoires qui finissent mal. ....

9 **À vos plumes !**

À la manière de Charles Juliet (exercice 6), racontez un souvenir, heureux ou malheureux, en exprimant des sentiments.

Compétences validées

	☹	😐	☺
J'ai construit un souvenir heureux ou malheureux.			
J'ai fait un bon usage des temps.			
J'ai fait preuve d'inventivité.			

39 Le champ lexical de la mémoire

Je retiens

Champ lexical de la mémoire

Adjectifs associés :
excellente, défaillante, fragile, infidèle, lacunaire, collective...

Mots de la même famille :
- *mémoriser, commémoration, mémorial, remémorer...*
- *mnémotechnique, amnésie, amnistie...*
- *un mémoire, des mémoires*

Verbes associés :
- *rappeler, remémorer, revenir, évoquer, faire renaître, rafraîchir, raviver, rejaillir, se souvenir, graver, exhumer, ancrer, ressasser...*
- *s'effacer, s'estomper...*

Verbes et noms associés :
- *se souvenir, avoir souvenance de, faire remonter...*
- *réminiscence, nostalgie, trace, empreinte, impression, évocation...*
- *oubli, lacune, trou...*

Expressions associées :
avoir un trou de mémoire, avoir une mémoire d'éléphant, à la mémoire de quelqu'un, avoir la mémoire courte, de mémoire...

Je m'exerce

À noter
Le mot *mémoire* est **polysémique**. Il change aussi de sens en fonction de son genre et de son nombre.

1 **Complétez les phrases avec les mots suivants, en vous aidant d'un dictionnaire si besoin :** la mémoire • un mémoire • les mémoires

1. Pour valider ses années d'études, il doit rendre ....

2. .... de Chateaubriand retracent la vie de cet auteur.

3. Il me revient à .... ces merveilleuses vacances.

2 **Complétez les phrases par les verbes suivants. Vous ferez tous les accords nécessaires.**
graver • rejaillir • exhumer • ressasser

1. Une telle expérience restera .... dans sa mémoire.

2. Il avait retrouvé sa peluche d'enfance, son contact sur sa joue .... des ruines du passé une tendresse oubliée.

3. Cette musique fait .... en moi des souvenirs heureux.

4. Il .... sans cesse ce souvenir qui le renvoie toujours à sa culpabilité.

Je lis et je m'exprime

3 **Exprimez oralement l'image que chacun de ces couplets fait naître en vous. Comparez-la avec celle de vos camarades.**

Chères images aperçues
Espérances d'un jour déçues
Vous serez dans l'oubli demain
Pour peu que le bonheur survienne
Il est rare qu'on se souvienne
Des épisodes du chemin

Mais si l'on a manqué sa vie
On songe avec un peu d'envie
À tous ces bonheurs entrevus
Aux baisers qu'on n'osa pas prendre
Aux cœurs qui doivent vous attendre
Aux yeux qu'on n'a jamais revus

Alors, aux soirs de lassitude
Tout en peuplant sa solitude
Des fantômes du souvenir
On pleure les lèvres absentes
De toutes ces belles passantes
Que l'on n'a pas su retenir

Les Passantes, d'après un poème d'Antoine Pol, mis en musique par Georges Brassens, Universal Music Publishing, 1972.

4 **Lisez ce texte et répondez aux questions.**

Je fus tiré de mes réflexions par le gazouillement d'une grive perchée sur la plus haute branche d'un bouleau. À l'instant, ce son magique fit reparaître à mes yeux le domaine paternel. J'oubliai les catastrophes dont je venais d'être le témoin, et, transporté subitement dans le passé, je revis ces campagnes où j'entendis si souvent siffler la grive. [...] Le chant de l'oiseau dans les bois de Combourg m'entretenait d'une félicité que je croyais atteindre ; le même chant dans le parc de Montboissier me rappelait des jours perdus à la poursuite de cette félicité insaisissable.

François-René de Chateaubriand, *Mémoires d'outre-tombe*, posth. 1849.

a. Relevez les termes qui se rapportent à la mémoire.

....

b. Quels sont les deux moments évoqués dans ce texte ? Quel élément les lie ?

....

5 **Réécriture. Réécrivez le passage suivant en montrant que ces souvenirs sont presque oubliés. Faites les accords nécessaires. Vous pourrez utiliser les mots :** effacer • enfouir • oublier • lointain • à peine • ténu.

Ma vie a été émaillée d'incidents que je n'ai jamais oubliés [...] mais chacun d'entre eux m'a laissé une si forte impression que je n'ai jamais réussi à le chasser de mon esprit. Chacun d'entre eux [...] est resté gravé dans ma mémoire.

Je n'ai pas eu à les chercher. Il m'a suffi d'effleurer la couche supérieure de ma conscience pour les y retrouver [...]. Certains furent drôles. Certains douloureux. Certains déplaisants. C'est pour cette raison, je suppose, que je me les rappelle tous de façon aiguë.

Roald Dahl, *Moi, Boy : souvenirs d'enfance*, trad. de l'anglais par J. Hérisson, Gallimard Jeunesse, 1984.

....

6 **À vos plumes !**

En rangeant votre grenier, vous découvrez un objet qui fait naître en vous un souvenir heureux. Écrivez le processus de remémoration (d'une impression floue jusqu'à un souvenir net et très fort).
Employez certains des adjectifs suivants : incertain • flou • net • précis • tenace • confus • vague • obsédant • présent • ténu • clair.

Compétences validées

	☹	😐	☺
Ma description est correctement construite.			
J'ai varié les types de verbes.			
J'ai employé un vocabulaire péjoratif ou mélioratif.			

40 Éviter les verbes *être*, *avoir* et l'expression *il y a*

Je retiens

▶ **Pour proposer des descriptions plus précises** et plus vivantes, on évite les verbes *avoir*, *être*, ou l'expression *il y a*.

On peut les remplacer par

Des verbes attributifs :	**Des verbes relatifs** aux cinq sens (vue, ouïe, odorat, goût, toucher) :	**Des verbes de sentiment :**	**Des verbes de mouvement :**	**Des verbes de sens plus précis :**
paraître, sembler, demeurer…	*examiner, retentir, humer, savourer, frôler…*	*ressentir, éprouver, subir, souffrir…*	*se dresser, s'étendre, se faufiler, grouiller…*	*posséder, compter, jouir de, contenir, détenir, bénéficier…*
*Il **est** raisonnable.* → *Il **semble** raisonnable.*	***Il y a** du tonnerre.* → *Le tonnerre **gronde**.*	*J'**ai** de la peine.* → *J'**éprouve** de la peine.*	*Les touristes **sont** très nombreux à Paris.* → *Paris **grouille** de touristes.*	*J'**ai** un livre.* → *Je **possède** un livre.*

▶ Toutefois, **dans un texte narratif ou poétique**, la locution *il y a* peut s'employer pour produire un effet particulier : insistance, mise en valeur d'un élément…

Il y a des volcans qui se meurent
Il y a des volcans qui demeurent… (Aimé Césaire)

Je m'exerce

1 ★ **Reformulez ces phrases comportant *avoir* et *être* à l'aide d'un verbe plus précis emprunté à la liste suivante.**

briller • faire preuve de courage ou d'ardeur • ressentir • s'intéresser à ou apprécier • se distinguer par

1. Nous avons de l'intérêt pour le cours de latin. → ……………………………………………………………………

……

2. Elle a beaucoup d'esprit dans ses réparties. → ……………………………………………………………………

3. Rodrigue a du cœur. → ……………………………………………………………………

4. Il y a du soleil. → ……………………………………………………………………

5. Tu as eu très peur. → ……………………………………………………………………

6. Nous avons des soucis. → ……………………………………………………………………

2 ★★ **Complétez ces phrases sans recourir à *avoir* et *être*.**

1. Même si cela ………………………… incroyable, vous devez me croire !

2. Cet été, les arbres ………………………………………… de beaux fruits.

3. Les vautours ………………………… au-dessus des cimes enneigées.

4. Quand le vent se lève, la mer ………………………… verte.

5. Depuis la montagne, le randonneur ………………………… distinctement le son des cloches du village.

6. Elle ………………………… des vêtements originaux.

Je lis et je m'exprime

3 ★★ **Décrivez une société du futur, en évitant d'employer le verbe *avoir*. Préparez une liste de verbes au brouillon.**

4 **Lisez ce texte et répondez aux questions.**

Il y a

Soldat au front, Guillaume Apollinaire (1880-1918), a été blessé par un éclat d'obus en mars 1916.

[...] Il y a que je languis après une lettre qui tarde
Il y a dans mon porte-cartes plusieurs photos de mon amour
Il y a les prisonniers qui passent la mine inquiète. [...]
Il y a des figures de Barbarie sur ces cactus en Algérie
Il y a les longues mains souples de mon amour
Il y a un encrier que j'avais fait dans une fusée de 15 centimètres et qu'on n'a pas laissé partir [...]

Guillaume Apollinaire, *Calligrammes*, Gallimard, posth, 1925.

a. Sur quel(s) procédé(s) repose la construction du poème ? Quel est l'effet produit ?

b. Par quelles autres expressions pourriez-vous remplacer l'expression « Il y a » dans le poème ?

c. Quelle vision du monde et de l'homme le poète nous fait-il découvrir ?

5 **Remplacez *avoir* et *être* par un verbe de perception ou de mouvement. Respectez les temps.**

1. Le ciel a des couleurs sombres au-dessus de la montagne.

2. Les roses ont un parfum délicat.

3. Les abeilles sont en grand nombre autour de la ruche.

6 **Transformez ces phrases de manière à faire disparaître *il y a*. Respectez les temps.**

Exemple : *Il y avait une rivière au fond de la vallée ⇨ Une rivière serpentait au fond de la vallée.*

1. Il y a une cascade et un lac au pied de la montagne.

2. Il y a eu de la neige en abondance cet hiver.

3. Il n'y aura plus d'abeilles, si on ne les protège pas.

7 **À vos plumes !**

Vous êtes soldat pendant la Première Guerre mondiale. Décrivez votre vie dans les tranchées en évitant d'employer les verbes *être*, *avoir* et la locution *il y a*.

Compétences validées	☹	😐	☺
Ma description est correctement construite.			
J'ai varié les types de verbes.			
J'ai employé un vocabulaire péjoratif ou mélioratif.			

ÉVALUATION

Je fais le point sur mes connaissances

1 Barrez les deux intrus qui se sont glissés dans chacune de ces listes.

1. fureur • étonnement • anxiété • prouesse • courroux • effroi • stupeur • chevalerie

2. véridique • harmonieux • malhonnête • erroné • discordant • unanime • sensation • jugement

3. mémorial • sentiment • commémorer • se rappeler • garder en mémoire • memento • regret • se souvenir de

.... /3

2 Reliez chaque mot à sa définition.

homologue •	• qui déteste l'humanité
locuteur •	• qui sait tout
anthologie •	• mot de sens voisin
omniscient •	• recueil de poésie
misanthrope •	• identique
synonyme •	• celui qui parle

.... /6

3 Soulignez au moins deux reprises nominales ou pronominales dans l'énoncé suivant.

> Comment nomme-t-on cet animal ? C'est un âne. La brave bête progresse lentement, mais elle a le pied sûr. C'est une espèce dévouée à l'homme.

.... /1

4 Trouvez pour chaque groupe nominal un synonyme, un terme générique ou une périphrase qui correspond.

1. *Antigone* et *La guerre de Troie n'aura pas lieu*

....

2. l'angoisse et l'inquiétude

....

3. un terme péjoratif

....

.... /3

5 Réécrivez les phrases suivantes en faisant disparaître « avoir » et « il y a ».

1. Il y a une rivière au fond du val.

....

....

2. Le soldat a les pieds dans la boue.

....

....

3. Il a deux marques rouges sur le dos.

....

....

.... /3

6 Orthographiez correctement « leur » dans les phrases suivantes.

1. Les écrivains empruntent souvent .... personnages à .... enfance.

2. La littérature est .... refuge et .... jardin secret.

3. Envoie-............ des livres qui .... procureront du plaisir.

4. À tous .... camarades, ils ont adressé une invitation pour .... demander de participer à un jury littéraire.

.... /4

Total .... /20

Comptez vos points

Comptez 0,5 point par bonne réponse.

Vous avez 15 à 20 points : Bravo ! Ces notions n'ont plus de secrets pour vous !

Vous avez 11 à 14 points : Vous y êtes presque ! Encore quelques efforts et vous deviendrez incollable.

Vous avez 8 à 10 points : Vous êtes sur la bonne voie ! Relisez les pages 76 à 103 puis recommencez les exercices.

Vous avez 0 à 7 points : Relisez les pages 76 à 103. Pour comprendre vos erreurs, discutez-en avec votre professeur.

Je fais le point sur mes compétences

7 Lisez le texte suivant et répondez aux questions.

Jacques Vingtras, devenu bachelier, s'apprête à quitter la province pour Paris.

J'ai de l'éducation.

« Vous voilà armé pour la lutte – a fait mon professeur en me disant adieu. – Qui triomphe au collège entre en vainqueur dans la carrière. »

Quelle carrière ? Un ancien camarade de mon père, qui passait à Nantes, et est venu lui rendre visite, lui a raconté qu'un de leurs condisciples d'autrefois, un de ceux qui avaient eu tous les prix, avait été trouvé mort, fracassé et sanglant, au fond d'une carrière de pierre, où il s'était jeté après être resté trois jours sans pain.

Jules Vallès, *Le Bachelier*, 1881.

a. Dans un dictionnaire, cherchez l'origine des mots « éducation » et « condisciple » ? Comment sont-ils formés ?

....

....

b. Dans quel sens faut-il prendre l'expression « armé pour la lutte » ? Justifiez votre réponse.

....

....

....

8 Dictée préparée. Lisez attentivement le texte, répondez aux questions, puis écrivez l'extrait ci-dessous sous la dictée de votre professeur.

Le vieux peintre Wang-Fô et son disciple Ling erraient le long des routes du royaume de Han.

Ils avançaient lentement, car Wang-Fô s'arrêtait la nuit pour contempler les astres, le jour pour regarder les libellules. Ils étaient peu chargés, car Wang-Fô aimait l'image des choses, et non les choses elles-mêmes, et nul objet au monde ne lui semblait digne d'être acquis, sauf des pinceaux, des pots de laque et d'encres de Chine, des rouleaux de soie et de papier de riz.

Marguerite Yourcenar, *Nouvelles orientales*, Gallimard, 1938.

a. Quel est le sujet de la deuxième phrase ? Quel groupe de mots reprend-il ? Justifiez l'accord du verbe « avançaient ».

....

....

....

b. Retrouvez dans le texte des mots qui expriment des sensations et des sentiments.

....

....

....

9 À vos plumes ! Imaginez les pensées et les sentiments du vieux peintre Wang-Fô devant une montagne en hiver. Décrivez-les en un ou deux paragraphes organisés.

Compétences validées	☹	😐	☺
Maîtriser la structure, le sens et l'orthographe des mots.			
Mettre en réseau des mots.			
Analyser le sens des mots.			

41 Mettre en relation un texte et une image

ÉTAPE 1 Comprendre les consignes

Identifiez les compétences attendues pour chaque type de question.

Question sur l'image
- Exprimer ses impressions face à une œuvre.
- Formuler des hypothèses sur les significations de l'œuvre.
- Justifier les intentions et les choix de l'artiste en s'appuyant sur des notions d'analyse.

Question sur le texte et l'image
Établir des liens entre des œuvres appartenant à des domaines, des époques et des cultures diverses.

1 **Lisez ces consignes et indiquez si elles portent sur une image uniquement ou sur une image et un texte. Expliquez ce qui vous est demandé en reprenant les éléments de l'étape 1.**

A. *Quels points communs voyez-vous entre le poème et la photographie ?*

....

B. *Quelles caractéristiques de la ville sont représentées sur l'image ?*

....

....

C. *Selon vous que cherche à montrer l'auteur de la photographie ?*

....

D. *Quelles impressions suscitent en vous ce tableau ? Sont-elles comparables à celles produites par le texte ?*

....

....

E. *Comment comprenez-vous le dessin ? Est-il satirique ?*

....

....

ÉTAPE 2 Analyser l'image

Utilisez le vocabulaire approprié pour commenter une image.

Description :
- type d'image : tableau, photographe, affiche, bande dessinée…
- sujet : portrait / autoportrait, paysage, nature morte, scène mythologique, religieuse, historique…
- support
- technique utilisée

Composition et structure :
- plans
- couleurs
- cadrage
- lignes de force…

Impressions suscitées par l'image :
- tonalité (dramatique, pathétique…),
- symboles.

2 **a. Analysez le détail de *Guernica*, représenté p. 107, en vous appuyant sur le schéma ci-dessus. Rédigez la description de l'image et précisez son sujet.**

....

....

b. **Détaillez la composition et la structure.**

ÉTAPE 3 Établir des liens entre les deux œuvres

Trouvez des points communs entre le texte et l'image.

Thèmes | Registres | Procédés de mise en valeur | Émotions et sensations suscitées par les œuvres | Message

3 Lisez l'extrait et observez l'image. Quel(s) lien(s) pouvez-vous établir entre le tableau de Pablo Picasso et le texte de Laurent Gaudé ?

Elle était restée dans la même position pendant des heures, lui chantant des comptines, l'appelant par son nom, lui jurant qu'il s'en sortirait. Puis les gens qui l'entouraient lui avaient tapé sur l'épaule. Elle avait vu dans leur regard ce qu'ils pensaient. Elle avait hurlé de la laisser tranquille, de ne pas l'approcher, qu'elle allait le réveiller.

Plus tard, ils avaient essayé à nouveau, répétant qu'il ne fallait pas garder les morts sur le bateau. De quoi parlaient-ils ? Ce n'était pas un mort qu'elle tenait dans ses bras, c'était son enfant. Elle ne comprenait pas.

Laurent Gaudé, *Eldorado*, Actes Sud, 2006.

Pablo Picasso, *Guernica*, 1937, huile sur toile 3,5 x 7,8 m (détail), musée Reina Sofia, Madrid.

4 À vos plumes ! Rédigez un bref paragraphe pour expliquer ce qu'a cherché à exprimer l'auteur dans cet extrait. Appuyez-vous sur les différentes étapes ci-dessus.

42 Analyser un récit

ÉTAPE 1 Contextualiser le texte

L'auteur	L'époque et le mouvement littéraire	Le genre du récit	Le titre de l'œuvre
Le connaissez-vous ? Avez-vous lu certaines de ses œuvres ?	Observez la date du récit. Quel est le contexte historique ? et le mouvement littéraire ?	Repérez le genre : est-ce un conte ? une nouvelle ? un roman ? Quel genre de roman ?	Que nous indique-t-il ? Le récit s'annonce-t-il heureux, malheureux, mystérieux... ?

1 Rédigez une présentation de l'extrait en suivant les différents points de l'étape 1.

Des blessés cheminaient tout le long des boyaux. Il y en avait de terribles, au teint gris, qui s'arrêtaient pour râler, accroupis dans des renfoncements et vous regardaient passer avec des yeux hagards qui ne voyaient plus. Sulphart[1] les remarquait à peine, allant toujours du même pas tenace.

Le boyau[2], à cet endroit, serpentait entre les ruines d'un hameau. Comme il passait derrière un mur, il entendit siffler un obus et se blottit. Le coup jaillit si près qu'il crut voir l'éclair rouge, à travers ses paupières fermées. La peur au ventre, il repartit plus vite. D'autres obus suivaient, toute une meute lancée sur ces débris de maisons. Sulphart se mit alors à courir, cherchant un abri. Il aperçut un escalier de cave, en haut duquel se tenait un brancardier.

– Il n'y a plus de place, lui dit l'homme en le repoussant. Va plus loin.

Roland Dorgelès, *Les Croix de bois*, Albin Michel, 1919.

1. **Sulphart** : nom d'un soldat. 2. **Boyau** : tunnel étroit, tranchée.

....

....

....

....

....

....

....

....

....

ÉTAPE 2 Comprendre le texte

Le cadre spatio-temporel	Les personnages	L'épisode raconté
Où et quand se situe l'action ? Repérez les compléments circonstanciels de lieu et de temps.	• Combien sont-ils ? • Qui sont-ils ? • Quelles sont leurs relations ?	• S'agit-il d'une scène d'action ? d'un dialogue ? d'une description ?... • Quel est le sujet et l'enjeu de l'extrait ?

2 **a. Identifiez les caractéristiques du récit. Quel est le cadre spatio-temporel du récit ? Justifiez votre réponse par des citations du texte.**

....

....

b. Qui sont les personnages ?

....

c. Quel est l'épisode raconté ?

....

ÉTAPE 3 Identifier les choix de narration

Le narrateur et la focalisation	Le temps du récit	Le rythme du récit	La tonalité du texte
• Le narrateur est-il un personnage de l'histoire ? • Quels sont les points de vue employés ?	• Le récit est-il au présent ? au passé ? • Quels sont les temps utilisés ?	S'agit-il : • d'une scène (actions ou paroles rapportées comme en temps réel) ? • d'une pause dans le récit (portrait, description) ?	• Comique • Pathétique • Tragique • Parodique, etc.

3 **Analysez les choix narratifs en utilisant les points détaillés dans l'étape 3.**

....

....

....

....

....

ÉTAPE 4 Interpréter le texte

Le registre de langue	Les indices grammaticaux	Les indices lexicaux
Le langage est-il soutenu ? courant ? familier ?	• Les types et formes de phrases sont-ils variés ? • Les phrases sont-elles complexes ? simples ?	Identifiez les champs lexicaux et les figures de style employées.

4 **Analysez la construction des phrases surlignées en jaune, quel sentiment expriment-elles ?**

....

....

5 **Analysez les indices lexicaux. Quel champ lexical domine le récit ? Quel est l'effet produit ?**

....

....

6 **À vos plumes ! Rédigez un bref paragraphe pour expliquer ce qu'a cherché à exprimer l'auteur dans cet extrait. Appuyez-vous sur les différentes étapes ci-dessus.**

43 Analyser un poème

ÉTAPE 1 Contextualiser et comprendre le poème

L'auteur et le contexte	Qui parle ?	Quel est le thème évoqué ?
• Connaissez-vous l'auteur ? Avez-vous lu certaines de ses œuvres ? • Observez la date du poème. Quel est le contexte historique ? et le mouvement littéraire ?	• Le poète ? • Un autre locuteur ?	• Qu'annonce le titre du poème ? • Quel est le champ lexical dominant ? • Quel est le cadre spatio-temporel ? • S'agit-il d'une description ? de l'expression d'un sentiment ?

1 **a. Repérez dans le poème l'indice qui montre que le poète prend la parole.**

Sensation

Par les soirs bleus d'été, j'irai dans les sentiers,
Picoté par les blés, fouler l'herbe menue :
Rêveur, j'en sentirai la fraîcheur à mes pieds.
Je laisserai le vent baigner ma tête nue.

Je ne parlerai pas, je ne penserai rien :
Mais l'amour infini me montera dans l'âme,
Et j'irai loin, bien loin, comme un bohémien,
Par la Nature, – heureux comme avec une femme.

Arthur Rimbaud, *Poésies*, 1870.

....

b. À quoi renvoie le titre du poème ? Pour répondre, relevez le champ lexical développé dans les strophes.

....

....

c. Le poète exprime-t-il un sentiment ou décrit-il un paysage ? Justifiez votre réponse.

....

....

....

ÉTAPE 2 Identifier la forme du poème

L'écriture poétique	Le mètre	Les rimes	Les strophes
• Vers réguliers ; • Vers libres (pas de rimes, mètres variés, retour à la ligne) ; • Poème en prose (sans vers).	Le nombre de syllabes dans un vers : • octosyllabes (huit) ; • décasyllabes (dix) ; • alexandrins (douze).	• Rimes pauvres, suffisantes, riches. • Rimes plates ou suivies (AABB), croisées (ABAB), embrassées (ABBA).	Le nombre de vers par strophe : • tercet (trois) ; • quatrain (quatre)...

2 **Identifiez la forme du poème d'Arthur Rimbaud en vous appuyant sur les points de l'étape 1.**

....

....

ÉTAPE 3 Étudier la musicalité du poème

Quelles sonorités remarquez-vous ? Comment sont-elles distribuées dans le poème ?	Quel est le rythme dominant ?
• Répétitions : allitérations (répétition d'un son consonne), assonances (répétition d'un son voyelle). • Rimes et jeux sonores à l'intérieur des vers. • Unité ou variété ?	• Le rythme est-il régulier ou irrégulier (accélérations, pauses…) ? • La phrase et le vers coïncident-ils ou remarquez-vous des rejets et des enjambements ?

3 **Qu'est-ce qui caractérise la musicalité du poème ?**

....

....

....

....

ÉTAPE 4 Proposer une interprétation

Interprétez le poème.

Analysez les images et les figures de style. ↘ p. 72.	Quelle est la tonalité du poème ? Lyrique, pathétique, polémique…	Quel sentiment le poète cherche-t-il à traduire ?

4 **a. Quelles sont les principales figures de style employées par le poète ? Que traduisent-elles ?**

....

....

....

....

....

....

....

b. Quelle tonalité reconnaissez-vous ?

....

....

....

c. Relevez le champ lexical des sentiments. Que remarquez-vous ?

....

....

....

....

....

5 **À vos plumes ! Demandez-vous quel sentiment le poète a cherché à traduire dans ses vers et rédigez un bref paragraphe pour démontrer la pertinence de votre hypothèse.**

44 Analyser un texte théâtral

ÉTAPE 1 Contextualiser la scène

L'auteur et le contexte	Le genre et la forme	Le titre de la pièce	La situation de l'extrait
• Connaissez-vous l'auteur ? Avez-vous lu certaines de ses œuvres ? • Observez la date de la pièce. Quel est le contexte historique ? et le mouvement littéraire ?	• Pouvez-vous identifier le genre de l'œuvre (une comédie, une tragédie, une œuvre moderne libérée des règles...) ? • L'extrait est-il en vers ? ou en prose ?	• Que nous indique-t-il ? • La pièce s'annonce-t-elle comique ? tragique ? autre ?	S'agit-il de la scène d'exposition ? d'une péripétie ? d'un coup de théâtre ? du dénouement ?...

1 Rédigez une brève présentation de l'extrait ci-dessous en vous appuyant sur les points de l'étape 1.

JEAN. – Oh ! un rhinocéros ! *(Les bruits produits par l'animal s'éloigneront à la même vitesse, si bien que l'on peut déjà distinguer les paroles qui suivent ; toute cette scène doit être jouée très vite, répétant :)* Oh ! un rhinocéros !

LA SERVEUSE. – Oh ! un rhinocéros !

L'ÉPICIÈRE, *qui montre sa tête par la porte de l'épicerie.* – Oh ! un rhinocéros ! *(À son mari, resté dans la boutique :)* Viens vite voir, un rhinocéros !

Tous suivent du regard, à gauche, la course du fauve.

JEAN. – Il fonce devant lui, frôle les étalages !

L'ÉPICIER, *dans sa boutique.* – Où ça ?

LA SERVEUSE, *mettant les mains sur les hanches.* – Oh !

L'ÉPICIÈRE, *à son mari qui est toujours dans sa boutique.* – Viens voir !

Juste à ce moment l'épicier montre sa tête.

L'ÉPICIER, *montrant sa tête.* – Oh ! un rhinocéros !

Eugène Ionesco, *Rhinocéros*, Acte I, Gallimard, 1959.

....

....

....

....

ÉTAPE 2 Comprendre l'action

Le cadre spatio-temporel	Les personnages	L'intrigue
Où et quand se situe l'action ? Repérez les CC de lieu et de temps.	• Combien sont-ils ? • Qui sont-ils ? • Quelles sont leurs relations ?	• Quel est le sujet de l'extrait ? • Quel est l'enjeu de la scène ?

2 a. Quel est le cadre spatio-temporel de l'extrait ? Justifiez votre réponse.

....

....

....

b. **Présentez les personnages.**

c. **Que nous apprend cet extrait sur l'intrigue de la pièce ?**

ÉTAPE 3 Identifier les choix de l'écriture dramatique et l'effet produit sur le spectateur

Les dialogues
↓
- S'agit-il de répliques courtes ? de longues tirades ?
- Est-ce un monologue ?
- Qui parle le plus ?

Les didascalies
↓
- Sont-elles présentes ? nombreuses ?
- Que nous apprennent-elles ?

Les procédés stylistiques
↓
- L'extrait est-il écrit en vers ou en prose ?
- Quel est le vocabulaire employé ?
- Repérez-vous des figures de style ?

La tonalité
↓
- Parodique
- comique
- tragique...

3 **Qu'est-ce qui caractérise le dialogue de cet extrait ? Justifiez votre réponse.**

4 **Quelle est l'expression répétée par trois des personnages dans cet extrait ? Quel est l'effet produit sur le spectateur ?**

ÉTAPE 4 Réfléchir à la mise en scène et interpréter l'extrait

Les intentions de l'auteur
↓
Ses intentions sont-elles d'informer ? de plaire ? de dénoncer ? d'amuser ? d'inquiéter ?...

Le choix des comédiens et de leur jeu
↓
Quel peut être leur âge ? leur physique ? leur gestuelle ? leur diction ?

Le décor et les costumes
↓
Peuvent-ils être réalistes ? d'époque ? ou actualisés ?

5 **Faites des propositions de mise en scène pour cet extrait.**

6 **À vos plumes !** **Rédigez un bref paragraphe pour montrer ce qu'a cherché à exprimer l'auteur. Vous vous appuierez sur les différentes étapes ci-dessus.**

45 Réussir la dictée

ÉTAPE 1 Écouter attentivement et repérer les difficultés

À la première écoute, repérez les éléments suivants.

- Le thème du texte et les personnages en présence.
- Les temps des verbes conjugués.
- Les liaisons afin d'identifier quelle est la lettre finale d'un mot.

Lors de l'écriture, identifiez les difficultés.

- Entourez les verbes.
- Soulignez les sujets.

1 **Écoutez le texte suivant lu par votre professeur, puis notez les éléments repérés, en vous reportant aux points de l'étape 1, entourez les verbes et soulignez les sujets.**

Ça y est ! L'armistice est signé. Les cloches se sont remises à sonner. Cela fait quatre ans que je n'ai pas entendu les cloches de Crécy. Dehors il y a beaucoup de bruit, j'entends des gens qui rient, qui pleurent, qui s'appellent.

Paule du Bouchet, *Journal d'Adèle*, Gallimard Jeunesse, 1995.

....

....

....

....

....

....

....

....

ÉTAPE 2 Se relire efficacement

Vérifiez les accords et les terminaisons.

- Vérifiez les sujets des verbes, attention aux sujets inversés.
- Le déterminant, le nom et le(s) adjectif(s) sont-ils bien accordés ? ↘ p. 78.
- Les participes passés sont-ils employés avec l'auxiliaire *avoir* ou *être* ? Faut-il accorder ? ↘ p. 81.
- Les terminaisons des participes passés (*-é.e.s*) et de l'infinitif (*-er*) sont-elles respectées ? ↘ p. 84.

2 **Relisez votre dictée. Notez vos corrections, puis échangez votre dictée avec celle de votre voisin et comparez-les.**

3 **Écrivez le texte suivant sous la dictée de votre professeur, extrait du même livre. Relisez-vous en suivant les points de l'étape 2. Attention, le narrateur est une jeune fille.**

Il pleut, une pluie fine et glacée. Oncle Pierre m'a conduite à l'école ce matin en carriole bâchée mais il a bien fallu revenir à pied. Tout à l'heure je suis arrivée plus trempée que si j'étais tombée dans la rivière, j'ai dû changer tous mes vêtements et les mettre à sécher devant la cuisinière. Puis je suis allée à la grange où Lucien aide Julien à lier les bottes de paille.

Paule du Bouchet, *Journal d'Adèle*, Gallimard Jeunesse, 1995.

46 Réusssir la réécriture

Méthode

ÉTAPE 1 Comprendre la consigne et identifier les modifications à effectuer

Réécrire en modifiant la personne	Réécrire en modifiant le temps	Réécrire en changeant le type de discours
• Passez du singulier au pluriel ou l'inverse. • Passez du féminin au masculin ou l'inverse.	• Passez d'un temps simple à un temps composé. • Passez du présent au passé ou l'inverse.	• Passez du discours direct au discours indirect ou l'inverse.

1 Dans ces consignes, repérez les différents changements à effectuer.

A. *Réécrivez ce texte en remplaçant « nous » par « je » et « vous » par « tu ».*

B. *Réécrivez ce passage à la troisième personne et dans le système du passé, avec comme temps de base le passé simple et l'imparfait.*

....

....

....

....

....

....

....

ÉTAPE 2 Repérer les éléments du texte à modifier

Pour un changement de personne →	Soulignez et modifiez : les pronoms, les déterminants rattachés à la personne, les accords sujet-verbe, les accords des adjectifs, les accords des participes passés.
Pour un changement de temps →	• Soulignez les verbes conjugués et entourez leurs sujets avant de les modifier. • Accordez les participes passés et respectez la concordance des temps.
Pour un changement de discours →	• Au discours indirect : modifiez la syntaxe (pronoms, déterminants, types de phrase, CC de temps et de lieu) et respectez la concordance des temps. • Au discours direct : respectez la ponctuation (guillemets, tirets, deux-points) et effectuez les changements de temps et de personnes nécessaires.

2 La consigne demande de réécrire cet extrait au passé composé et de remplacer « vous » par « tu ». Soulignez dans le texte tous les éléments que vous devrez modifier.

Nous ne nous vengeons pas de vous, nous vous corrigeons ; ce n'est plus votre vie que nous poursuivons, c'est la barbarie de vos cœurs que nous voulons détruire.

3 À vos plumes ! **Réécrivez l'extrait de l'exercice 2 au passé composé, en remplaçant « vous » par « tu ». Vous ferez tous les changements nécessaires.**

....

....

47 Traiter le sujet d'imagination

ÉTAPE 1 Lire et analyser le sujet

Déterminez le type d'écrit attendu et les critères à respecter.

Suite de texte
- Cohérence avec le texte d'origine (dont le respect du cadre spatio-temporel).
- Temps du récit.
- Respect du genre.
- Progression du récit.

Scène de théâtre
- Présentation d'une scène de théâtre (nom des personnages, tirets, etc.).
- Emploi des didascalies.
- Respect des registres de langue.
- Respect du genre.

Dialogue
- Ponctuation.
- Verbes de paroles variés.
- Identification des interlocuteurs.
- Respect du registre de langue.
- Progression du dialogue.

Lettre
- Présentation d'une lettre (date, adresse, signature, etc.).
- Emploi des 1re et 2e personnes du singulier et du pluriel.
- Respect du lien entre l'émetteur et le récepteur.
- Temps de la situation d'énonciation.
- Progression de ce qui est raconté.

Texte autobiographique
- 1re personne du singulier.
- Distinction temps du souvenir et temps de l'écriture.
- Vocabulaire de la mémoire et des sentiments.

1 **Lisez attentivement le sujet, puis déterminez le type d'écrit attendu et les critères à respecter.**

Sujet : Rédigez un dialogue théâtral dans lequel deux collégiens échangeront sur les avantages et les dangers de la science. Vous mettrez en évidence dans leurs répliques leurs deux points de vue opposés.

....

....

....

....

ÉTAPE 2 Mobiliser ses connaissances

Trouvez des idées.

- **Appuyez-vous sur vos lectures** scolaires et personnelles.
- **Mobilisez vos cours** d'Histoire-Géographie, d'EMC, de Langues vivantes.
- **Réinvestissez vos leçons de français** (grammaire, conjugaison, figures de style, genres...).
- **Convoquez votre culture personnelle** (films, séries, médias...).

2 **Établissez la liste de vos idées pour traiter le sujet vu dans l'exercice 1.**

Lectures	....
Histoire Géographie EMC	....

Connaissances liées aux leçons de français	....
Culture personnelle	....

À vos claviers !
Partagez votre texte sur l'espace numérique de votre collège. Choisissez les trois meilleurs textes et expliquez votre choix.

ÉTAPE 3 Élaborer un plan

Sélectionnez les éléments que vous souhaitez aborder dans votre texte et organisez vos idées pour élaborer un plan détaillé.

Pour les sujets qui font appel à l'argumentation
- Illustrez chaque argument avancé par un exemple.
- Variez les types d'exemples et ne vous contentez pas d'opinions personnelles.
- Respectez une progression.

Pour les sujets qui demandent de rédiger la suite d'un texte
- Imaginez des événements plausibles.
- Évitez les anachronismes, les erreurs d'interprétation.
- Respectez la progression narrative et ménagez quelques effets d'attente.

3 **Reprenez vos idées de l'étape 2 et élaborez un plan qui réponde clairement au sujet.**

....
....
....
....
....
....
....

ÉTAPE 4 Rédiger et se relire

1. Relisez attentivement votre plan détaillé.

↓

2. Rédigez votre devoir en respectant la progression des idées. Reportez-vous régulièrement à votre brouillon pour ne pas oublier un élément.

↓

3. Relisez votre devoir pour vérifier l'orthographe, la syntaxe et la ponctuation.

4 **À vos plumes ! En vous aidant des exercices précédents, rédigez l'ensemble du devoir répondant au sujet proposé dans l'exercice 1.**

48 Traiter le sujet de réflexion

ÉTAPE 1 Lire et analyser le sujet

Dégagez le **thème**. → Identifiez la **thèse** (ce qui est dit du thème). → Soulignez les **consignes**. → **Reformulez le sujet** : « Je dois… ».

1 a. Analysez le sujet suivant. Entourez les groupes de mots les plus importants et soulignez les consignes.

Sujet : Notre époque multiplie les échanges par différents moyens de communication. Cette multiplication favorise-t-elle la qualité des rapports entre les personnes ? »

Vous rédigerez un devoir d'une soixantaine de lignes organisé autour d'arguments variés que vous illustrerez d'exemples tirés de votre expérience personnelle et de vos lectures.

b. Reformulez le sujet.

....

....

....

ÉTAPE 2 Mobiliser ses connaissances

Trouvez des arguments et des exemples.

↓ Notez tout ce qui est en relation avec le sujet : idées, mots, expressions.

↓ Complétez et organisez le brouillon :
- Entourez les différents arguments.
- Ajoutez un exemple pour chacun.

2 a. Complétez le tableau ci-dessous. Proposez trois arguments différents en faveur des nouveaux moyens de communication.

b. Associez à chaque argument un exemple tiré de votre culture personnelle (lectures, films, presse, autres disciplines…).

Arguments en faveur des nouveaux moyens de communication	1. .... 2. .... 3. ....
Exemples	1. .... 2. .... 3. ....

ÉTAPE 3 Élaborer un plan

Introduction (à rédiger entièrement au brouillon)	Développement du devoir	Conclusion
• Présentez le sujet en donnant les informations suivantes : *qui, quoi, où, quand.* • Reformulez le sujet sous forme de question. • Annoncez les grandes parties du devoir.	Prévoyez deux ou trois grandes parties : • argument 1 + exemple, • argument 2 + exemple, • Si nécessaire : argument 3 + exemple.	• Résumez les idées principales du devoir. • Répondez clairement à la question posée. • Proposez une ouverture sur un sujet, une thématique proche.

À vos claviers ! Saisissez votre texte dans un logiciel de traitement de texte. Mettez en rouge l'annonce de l'argument, en bleu l'explication, et en vert l'exemple. Encadrez les connecteurs logiques employés.

3 **Rédigez l'introduction de votre devoir en suivant les conseils donnés ci-dessus.**

....

....

....

....

....

....

....

....

....

ÉTAPE 4 Rédiger le devoir et se relire

1. Recopiez l'introduction.

↓

2. Rédigez les différentes parties : suivez le plan détaillé et utilisez des connecteurs logiques pour relier les arguments entre eux, ainsi que les exemples aux arguments : *d'abord ; premièrement... / par exemple ; notamment... / par ailleurs ; de plus... / enfin ; finalement...*

↓

3. Rédigez la conclusion.

↓

4. Relisez votre devoir pour vérifier l'orthographe et la ponctuation.

4 **Dans les listes suivantes, soulignez les connecteurs logiques adaptés à l'objectif indiqué. Vous pourrez les utiliser dans la rédaction de votre partie (exercice 5).**

1. Pour relier deux arguments qui se complètent : d'abord ; ensuite ; en revanche ; par contre ; finalement ; par ailleurs ; à l'opposé ; mais ; alors que ; de plus.

2. Pour relier un exemple à un argument : c'est ainsi que ; à l'opposé ; ainsi ; notamment ; pourtant ; or ; dès lors que ; de sorte que ; par exemple.

5 **À vos plumes !** **En vous aidant des exercices précédents, rédigez, à l'aide d'un logiciel de traitement de texte, une partie de votre devoir.**

49 Enrichir un texte

ÉTAPE 1 Comprendre le texte

Repérez les caractéristiques du récit.

Cadre spatio-temporel	Personnages	Type de texte	Narrateur	Point de vue	Temps du récit
• Où ? • Quand ?	• Combien sont-ils ? • Qui sont-ils ?	• Scène d'action • Description • Dialogue • Résumé	• Narrateur-personnage (1re personne) • Narrateur extérieur au récit (3e personne)	• Omniscient • Interne • Externe	• Passé • Présent

1 Relevez les principales caractéristiques de ce récit en vous aidant du schéma ci-dessus.

L'intrigue se déroule dans une société futuriste où les individus sont surveillés en permanence. Les randonneurs allèrent vers le portique. Un garde les y attendait. Il faisait partie du corps des Surveillants des Espaces naturels. Kate nota que Baïkal était entré le premier. Le garde rappela que le centre dans lequel les randonneurs se trouvaient était le plus grand équipement de randonnée couverte de l'Ouest. Les sentiers qu'ils allaient emprunter traversaient des endroits sauvages mais les randonneurs ne quitteraient jamais les tunnels de verre.

Kate regarda du côté de Baïkal.

D'après Jean-Christophe Rufin, *Globalia*, Gallimard, 2004.

....

....

....

....

....

....

ÉTAPE 2 Choisir les éléments qui vont enrichir le texte

Définissez les éléments que vous allez ajouter au texte.

Un portrait	Une description	Un dialogue	Une péripétie
• De quel(s) personnage(s) ? • Pour mettre en évidence quelle particularité ?	• De quel objet ou de quel lieu ? • Pour donner quelle impression ?	• Entre quels personnages ? • À quel sujet ?	Quelle péripétie peut être ajoutée ou amplifiée ?

2 Indiquez quels éléments vous pourriez ajouter pour enrichir le texte proposé dans l'exercice 1.

....

....

....

....

....

ÉTAPE 3 Enrichir les phrases

Choisissez les éléments que vous allez ajouter aux phrases.

- Des **expansions du nom** ↘ p. 8
- Des **compléments circonstanciels** ↘ p. 10, 12, 14
- Un **lexique varié :**
  - des synonymes
  - des registres de langue variés ↘ p. 58
  - des termes mélioratifs ou péjoratifs

3 **Enrichissez la deuxième phrase du texte proposé dans l'exercice 1, en utilisant quelques-uns de ces procédés.**

....

....

....

ÉTAPE 4 Utiliser des procédés littéraires

Choisissez des procédés littéraires pour enrichir le texte.

- Différentes **tonalités**, pour amuser, inquiéter, émouvoir, etc.
- Différentes **figures de style**, figures de ressemblance, figures de remplacement, figures d'opposition, figures d'amplification et d'atténuation. ↘ p. 72

4 **Enrichissez les deux dernières phrases du texte proposé dans l'exercice 1, en cherchant à les rendre inquiétantes grâce à des figures de ressemblance et d'amplification.**

....

....

....

....

....

5 **À vos plumes !** **Enrichissez le texte proposé dans l'exercice 1 en vous appuyant sur vos réponses aux exercices précédents. Comparez votre texte avec l'original de Jean-Christophe Rufin ci-dessous.**

La masse des randonneurs finit par se déplacer à son tour en direction du portique de départ. [...] Un garde les y attendait. Il était coiffé du feutre à large bord et vêtu de l'uniforme rouge du corps des Surveillants des Espaces naturels. Il contrôla d'abord les tickets et fit passer les participants un à un. Kate nota que Baïkal était entré le premier. [...]

– Chers amis promeneurs, commença [le garde] avec une diction pâteuse, soyez les bienvenus dans le complexe de Wilkenborough. [...] Notre salle est le plus grand équipement de randonnée couverte de l'Ouest. Tout a été fait pour procurer à chacun d'entre vous un plaisir sportif maximal en respectant la nature. Le sentier que vous allez emprunter traverse des endroits sauvages. Grâce aux nouvelles technologies utilisées, les verrières qui protègent le parcours se feront complètement oublier.

Kate jeta un coup d'œil du côté de Baïkal.

Jean-Christophe Rufin, *Globalia*, Gallimard, 2004.

ENTRAÎNEMENT AU BREVET 1

Travail sur le texte littéraire et l'image 1h30 50 points

Doc. A

Premiers pas dans la société de consommation

Jérôme et Sylvie, jeune couple de Parisiens, viennent tous deux d'entrer dans la vie active au début des années 1960. Ils font partie d'une bande d'amis qui ont des goûts et des centres d'intérêt communs.

Ils passaient une grande partie de leurs vacances à courir les ventes de campagne ; ils y acquéraient à bon compte des étains, des chaises paillées, des verres qui invitaient à boire, des couteaux à manche de corne, des écuelles patinées dont ils faisaient des cendriers précieux. De toutes ces choses, ils en étaient sûrs, *l'Express*[1] avait parlé, ou allait parler.

Au niveau des réalisations, toutefois, ils s'écartaient assez sensiblement des modes d'achat que *l'Express* proposait. Ils n'étaient pas encore tout à fait « installés » et, bien qu'on leur reconnût assez volontiers la qualité de « cadres[2] », ils n'avaient ni les garanties, ni les mois doubles, ni les primes des personnels réguliers attachés par contrat. *L'Express* conseillait donc, sous couleur de petites boutiques pas chères et sympathiques (le patron est un copain, il vous offre un verre et un club-sandwich pendant que vous faites votre choix), des officines[3] où le goût du jour exigeait, pour être convenablement perçu, une amélioration radicale de l'installation précédente : [...] les poutres apparentes étaient de rigueur, et le petit escalier intérieur, la vraie cheminée, avec son feu, les meubles campagnards, ou mieux encore provençaux, fortement recommandés. Ces transformations, qui se multipliaient à travers Paris, affectant indifféremment libraires, galeries de tableaux, merceries, magasins de frivolités et d'ameublement, épiceries même (il n'était pas rare de voir un ancien petit détaillant[4] crève-la-faim devenir Maître-Fromager, avec un tablier bleu qui faisait très connaisseur et une boutique de poutres et de pailles...), ces transformations, donc, entraînaient, plus ou moins légitimement, une hausse des prix telle que l'acquisition d'une robe de laine sauvage imprimée à la main [...] s'y révélait constamment impossible. [...]

Dans le monde qui était le leur, il était presque de règle de désirer toujours plus qu'on ne pouvait acquérir. [...] Et ils comprenaient, parce que partout, tout autour d'eux, tout le leur faisait comprendre, parce qu'on le leur enfonçait dans la tête à longueur de journée, à coups de slogans, d'affiches, de néons, de vitrines illuminées, qu'ils étaient toujours un petit peu plus bas dans l'échelle, toujours un petit peu trop bas.

Georges Perec, *Les Choses*, Julliard, 1965.

1. *L'Express* : magazine d'actualité hebdomadaire français, créé en 1953. 2. **Cadres** : employés ou dirigeants appartenant à la catégorie supérieure des salariés. 3. **Officines** : ateliers, boutiques. 4. **Détaillant** : petit commerçant.

Doc. B

Banksy, *Shop Till You Drop* (Consommez jusqu'à épuisement), 2011, peinture murale sur un immeuble à Londres.

▶ Grammaire et compétences linguistiques

Les réponses aux questions doivent être entièrement rédigées. 24 points

1 Lignes 3-4 : **« des chaises paillées, des verres qui invitaient à boire, des couteaux à manche de corne. »**
Pour chaque nom souligné, relevez son expansion et la nature de cette expansion. 6 points

....

....

....

....

....

2 **a.** Ligne 1 : « leurs vacances ». Identifiez la nature du mot souligné. 2 points

....

....

b. Ligne 37 : « qu'on le <u>leur</u> enfonçait ». Identifiez la nature du mot souligné. 2 points

3 Ligne 10 : **« Ils n'étaient pas encore tout à fait "installés"... »**
Identifiez le temps utilisé. Justifiez son emploi. 4 points

4 Lignes 36-37 : **« parce que partout, tout autour d'eux, tout le leur faisait comprendre. »**

a. Quelle est la nature de cette proposition subordonnée ? 2 points

b. Quel est le lien logique exprimé par le mot subordonnant ? 2 points

5 Lignes 1-7 : **« Ils passaient [...] ou allait parler. »**
Réécrivez le passage suivant en remplaçant « Ils » par « Sylvie ». Effectuez toutes les transformations nécessaires. 6 points

Compréhension et compétences d'interprétation

Les réponses aux questions doivent être entièrement rédigées. 26 points

6 **Quelle est l'occupation favorite de Jérôme et Sylvie ? Quels sont les deux principaux endroits où ils s'y adonnent ?** 6 points

7 Lignes 10-14 : **« Ils n'étaient [...] contrat. »**
Expliquez le problème rencontré par ce jeune couple. 6 points

8 **Finalement, Jérôme et Sylvie sont-ils heureux dans ce monde qui est « le leur » (l. 34) ?** 6 points

9 **Quelle(s) réflexion(s) la photographie et le texte vous inspirent-ils sur notre société ?** 8 points

Dictée 20 min 10 points

On dictera le texte à haute voix à plusieurs reprises, dans une durée totale de 20 minutes.

Rédaction 1h30 40 points

Vous traiterez au choix l'un des sujets suivants.

Sujet de réflexion

« Vivre, c'est consommer. » Partagez-vous cette opinion ?
Vous exposerez votre point de vue dans un développement argumenté et organisé, en vous appuyant sur vos lectures, votre culture personnelle, votre expérience. Votre rédaction sera d'une longueur minimale d'une soixantaine de lignes (300 mots environ).

Sujet d'imagination

Fidèles à leurs habitudes, Jérôme et Sylvie décident de se rendre dans une boutique nouvellement ouverte à Paris.
Rédigez le récit de cette expérience, en évoquant leurs motivations, les différents sentiments éprouvés et leurs réflexions sur la société dans laquelle ils évoluent. Votre rédaction sera d'une longueur minimale d'une soixantaine de lignes (300 mots environ).

Travail sur le texte littéraire et l'image

1h30 50 points

Doc. A

« L'apparition des gaz de combat »

En 1915, près d'Ypres en Belgique, l'armée allemande utilise pour la première fois un gaz de combat. Un immense nuage épais et verdâtre s'avance vers les tranchées françaises…

L'officier ordonna d'ouvrir le feu. Il présumait que derrière ce leurre[1] se dissimulait une attaque d'envergure. C'était sans doute la première fois qu'on cherchait à tuer le vent. La fusillade libéra les esprits sans freiner la progression de l'immense nappe bouillonnante, méthodique, inexorable[2]. Et, maintenant qu'elle était proche à les toucher, levant devant leurs yeux effarés un bras dérisoire pour s'en protéger, les hommes se demandaient quelle nouvelle cruauté on avait encore inventée pour leur malheur. Les premiers filets de gaz se déversèrent dans la tranchée.

[…] Maintenant, le brouillard chloré rampe dans le lacis des boyaux, s'infiltre dans les abris (de simples planches à cheval sur la tranchée), se niche dans les trous de fortune, s'insinue entre les cloisons rudimentaires des casemates[3], plonge au fond des chambres souterraines jusque-là préservées des obus, souille le ravitaillement et les réserves d'eau, occupe sans répit l'espace, si bien que la recherche frénétique d'une bouffée d'air pur est désespérément vaine, confine à la folie dans des souffrances atroces. Le premier réflexe est d'enfouir le nez dans la vareuse[4], mais la provision d'oxygène y est si réduite qu'elle s'épuise en trois inspirations. Il faut ressortir la tête et, après de longues secondes d'apnée, inhaler l'horrible mixture. Nous n'avons jamais vraiment écouté ces vieillards de vingt ans dont le témoignage nous aiderait à remonter les chemins de l'horreur : l'intolérable brûlure aux yeux, au nez, à la gorge, de suffocantes douleurs dans la poitrine, une toux violente qui déchire la plèvre[5] et les bronches, amène une bave de sang aux lèvres, le corps plié en deux secoué d'âcres vomissements, écroulés recroquevillés que la mort ramassera bientôt, piétinés par les plus vaillants qui tentent, mains au rebord de la tranchée, de se hisser au-dehors, de s'extraire de ce grouillement de vers humains, mais les pieds s'emmêlent dans les fils téléphoniques agrafés le long de la paroi, et l'éboulement qui s'ensuit provoque la réapparition par morceaux des cadavres de l'automne sommairement enterrés dans le parapet, et à peine en surface c'est la pénible course à travers la brume verte et l'infect marigot[6] une jambe soudain aspirée dans une chape de glaise[7] molle, et l'effort pour l'en retirer sollicite violemment les poumons, les chutes dans les flaques nauséabondes, pieds et mains gainés d'une boue glaciaire, le corps toujours secoué de râles brûlants, et, quand enfin la nappe est dépassée – ô fraîche transparence de l'air –, les vieilles recettes de la guerre par un bombardement intensif fauchent les rescapés. Seuls les très chanceux atteignent les lignes arrière.

Jean Rouaud, *Les Champs d'honneur*, © Ed. de Minuit, 1990.

1. **Ce leurre :** ce piège. 2. **Inexorable :** implacable, impitoyable, inévitable. 3. **Casemates :** abris enterrés. 4. **Vareuse :** veste d'uniforme. 5. **Plèvre :** membrane qui enveloppe les poumons. 6. **Marigot :** marécage. 7. **Glaise :** couche de terre grasse, argileuse.

Doc. B

Otto Dix, *L'assaut sous les gaz*, 1924, Sprengel Museum, Hanovre.

▶ Grammaire et compétences linguistiques

Les réponses aux questions doivent être entièrement rédigées. 24 points

1 Ligne 1 : **« ordonna ».**
À quel temps ce verbe est-il conjugué ? Justifiez son emploi. 3 points

………………………………………………………………………

………………………………………………………………………

………………………………………………………………………

2 Lignes 8-10 : **« Les hommes se demandaient quelle nouvelle cruauté on avait encore inventée pour leur malheur. » Justifiez l'orthographe du participe passé « inventée ».** 4 points

………………………………………………………………………

………………………………………………………………………

3 Ligne 10 : **« Les premiers filets de gaz ». Relevez et identifiez les expansions de ce groupe nominal.** 4 points

4 Lignes 12-21 : **« Maintenant [...] souffrances atroces ». Dans ce passage, identifiez le temps et le mode employés. Justifiez cet emploi.** 3 points

5 Lignes 1-10 : **« L'officier ordonna [...] pour leur malheur. » Réécrivez le texte suivant au présent et en remplaçant « L'officier » par « Les officiers ». Effectuez toutes les modifications nécessaires.** 10 points

▶ Compréhension et compétences d'interprétation

Les réponses aux questions doivent être entièrement rédigées. 26 points

6 Lignes 1-6 : **« L'officier ordonna [...] inexorable. » Quelles sont donc les caractéristiques de ce gaz ?** 6 points

7 **Dans le premier paragraphe, quelle décision prend l'officier français ? Est-elle efficace ?** 6 points

8 Lignes 18-25 : **« Si bien que [...] mixture. »**

a. Relevez quatre expressions appartenant au champ lexical de la respiration. 4 points

b. Justifiez la présence de ce champ lexical en vous appuyant sur le contexte. 4 points

9 **Quels liens pouvez-vous établir entre le texte et l'image ?** 6 points

Dictée 20 min 10 points

On dictera le texte à haute voix à plusieurs reprises, dans une durée totale de 20 minutes.

Rédaction 1h30 40 points

Vous traiterez au choix l'un des sujets suivants.

▶ Sujet de réflexion

Selon vous, doit-on décrire et raconter l'horreur de la guerre ?

Vous répondrez à cette question dans un développement argumenté, en vous appuyant sur votre expérience, vos lectures, votre culture personnelle et les connaissances acquises dans l'ensemble des disciplines.

Votre rédaction sera d'une longueur minimale d'une soixantaine de lignes (300 mots environ).

▶ Sujet d'imagination

L'officier, victime de cette attaque au gaz, est transporté à l'hôpital pour être soigné. Il écrit alors une lettre à sa famille afin de raconter l'expérience vécue, exprimer ses sentiments et réflexions. Rédigez cette lettre.

Votre rédaction sera d'une longueur minimale d'une soixantaine de lignes (300 mots environ).

Travail sur le texte littéraire et l'image 1h30 50 points

Doc. A

Condamné à mort!

Un condamné à mort, incarcéré dans la prison de Bicêtre, raconte ce qu'il a vécu depuis son procès jusqu'au jour de son exécution.

Bicêtre.

Condamné à mort!

Voilà cinq semaines que j'habite avec cette pensée, toujours seul avec elle, toujours glacé de sa présence, toujours courbé sous son poids!

Autrefois, car il me semble qu'il y a plutôt des années que des semaines, j'étais un homme comme un autre homme. Chaque jour, chaque heure, chaque minute avait son idée. Mon esprit, jeune et riche, était plein de fantaisies. Il s'amusait à me les dérouler les unes après les autres, sans ordre et sans fin, brodant d'inépuisables arabesques cette rude et mince étoffe de la vie. C'étaient des jeunes filles, de splendides chapes d'évêque, des batailles gagnées, des théâtres pleins de bruit et de lumière, et puis encore des jeunes filles et de sombres promenades la nuit sous les larges bras des marronniers. C'était toujours fête dans mon imagination. Je pouvais penser à ce que je voulais, j'étais libre.

Maintenant je suis captif. Mon corps est aux fers dans un cachot, mon esprit est en prison dans une idée. Une horrible, une sanglante, une implacable idée! Je n'ai plus qu'une pensée, qu'une conviction, qu'une certitude: condamné à mort!

Quoi que je fasse, elle est toujours là, cette pensée infernale, comme un spectre de plomb à mes côtés, seule et jalouse, chassant toute distraction, face à face avec moi misérable, et me secouant de ses deux mains de glace quand je veux détourner la tête ou fermer les yeux. Elle se glisse sous toutes les formes où mon esprit voudrait la fuir, se mêle comme un refrain horrible à toutes les paroles qu'on m'adresse, se colle avec moi aux grilles hideuses de mon cachot; m'obsède éveillé, épie mon sommeil convulsif, et reparaît dans mes rêves sous la forme d'un couteau.

Je viens de m'éveiller en sursaut, poursuivi par elle et me disant: – Ah! ce n'est qu'un rêve! Hé bien! avant même que mes yeux lourds aient eu le temps de s'entrouvrir assez pour voir cette fatale pensée écrite dans l'horrible réalité qui m'entoure, sur la dalle mouillée et suante de ma cellule, dans les rayons pâles de ma lampe de nuit, dans la trame grossière de la toile de mes vêtements, sur la sombre figure du soldat de garde dont la giberne reluit à travers la grille du cachot, il me semble que déjà une voix a murmuré à mon oreille:

– Condamné à mort!

Victor Hugo, *Le Dernier Jour d'un condamné*, 1829.

Doc. B

Pancho, dessin réalisé à l'occasion du 10e anniversaire de l'abolition de la peine de mort en France, *Le Monde*, 1991.

▸ Grammaire et compétences linguistiques

Les réponses aux questions doivent être entièrement rédigées. 22 points

1 Identifiez et justifiez le temps principal de ce texte. 4 points

....

....

2 Identifiez la construction et la forme de la première phrase et expliquez l'effet produit. 2 points

....

....

....

3 Lignes 6-23 : « Autrefois, car il me semble qu'il y a plutôt des années que des semaines, [...] condamné à mort ! »
Relevez deux connecteurs temporels et identifiez le temps verbal principal de chacun des deux paragraphes. 4 points

4 Lignes 24-33 : « Quoi que je fasse [...] sous la forme d'un couteau. »

a. Relevez les verbes conjugués qui ont pour sujet la « pensée infernale ». 4 points

b. Comment appelle-t-on cette figure de style ? Quel est l'effet recherché ? 2 points

5 Lignes 24-31 : « Quoi que je fasse [...] les paroles qu'on m'adresse. »
Réécrivez ce passage en remplaçant « cette pensée infernale » par « ces pensées infernales ». Effectuez toutes les modifications. 6 points

Compréhension et compétences d'interprétation

Les réponses aux questions doivent être entièrement rédigées. 28 points

6 **Quel genre de texte reconnaissez-vous ici ? Justifiez votre réponse en vous appuyant sur le texte et le paratexte.** 4 points

7 Lignes 19-23 : « Maintenant je suis captif. Mon corps est aux fers, [...] condamné à mort ! »
Sur quoi le condamné insiste-t-il ? Comment cela est-il mis en avant ? Appuyez-vous sur les tournures et les constructions employées, ainsi que sur le rythme des phrases. 6 points

8 Lignes 30-31 : « Elle [...] se mêle comme un refrain horrible à toutes les paroles qu'on m'adresse. »
Expliquez la comparaison. 4 points

9 **Comment comprenez-vous la réponse de la mère à son enfant sur le dessin ?** 4 points

10 **Quels liens pouvez-vous établir entre le texte et le dessin ?** 4 points

11 **Êtes-vous davantage convaincu(e) par le texte de Victor Hugo ou par le dessin de Pancho ? Justifiez votre réponse.** 6 points

Dictée 20 min 10 points

On dictera le texte à haute voix à plusieurs reprises, dans une durée totale de 20 minutes.

Rédaction 1h30 40 points

Vous traiterez au choix l'un des sujets suivants.

Sujet de réflexion

Expliquez, dans un paragraphe structuré, les arguments qui pourraient être développés pour justifier l'abolition de la peine de mort. Votre rédaction sera d'une longueur minimale d'une soixantaine de lignes (300 mots environ).

Sujet d'imagination

« Je viens de m'éveiller en sursaut... J'ai cru sentir une présence... Suis-je fou ? Ai-je rêvé ? Machinalement, je mets une main dans ma poche : quelqu'un y a glissé une lime pendant mon sommeil... » Écrivez une suite à cette nouvelle version du récit. Votre rédaction sera d'une longueur minimale d'une soixantaine de lignes (300 mots environ).

Tableaux de conjugaison

Regarder	
Indicatif	
Présent je regarde ils, elles regardent	**Passé composé** j'ai regardé ils, elles ont regardé
Imparfait je regardais ils, elles regardaient	**Plus-que-parfait** j'avais regardé ils, elles avaient regardé
Passé simple je regardai ils, elles regardèrent	**Passé antérieur** j'eus regardé ils, elles eurent regardé
Futur simple je regarderai ils, elles regarderont	**Futur antérieur** j'aurai regardé ils, elles auront regardé
Conditionnel présent je regarderais ils, elles regarderaient	**Conditionnel passé** j'aurais regardé ils, elles auraient regardé
Subjonctif	
Présent que je regarde qu'ils, elles regardent	**Passé** que j'aie regardé qu'ils, elles aient regardé
Impératif	
Présent regarde regardons regardez	
Infinitif	
Présent regarder	**Passé** avoir regardé
Participe	
Présent regardant	**Passé** regardé, ayant regardé
Gérondif	
Présent en regardant	

Finir	
Indicatif	
Présent je finis ils, elles finissent	**Passé composé** j'ai fini ils, elles ont fini
Imparfait je finissais ils, elles finissaient	**Plus-que-parfait** j'avais fini ils, elles avaient fini
Passé simple je finis ils, elles finirent	**Passé antérieur** j'eus fini ils, elles eurent fini
Futur simple je finirai ils, elles finiront	**Futur antérieur** j'aurai fini ils, elles auront fini
Conditionnel présent je finirais ils, elles finiraient	**Conditionnel passé** j'aurais fini ils, elles auraient fini
Subjonctif	
Présent que je finisse qu'ils, elles finissent	**Passé** que j'aie fini qu'ils, elles aient fini
Impératif	
Présent finis finissons finissez	
Infinitif	
Présent finir	**Passé** avoir fini
Participe	
Présent finissant	**Passé** fini, ayant fini
Gérondif	
Présent en finissant	

Dire	
Indicatif	
Présent je dis ils, elles disent	**Passé composé** j'ai dit ils, elles ont dit
Imparfait je disais ils, elles disaient	**Plus-que-parfait** j'avais dit ils, elles avaient dit
Passé simple je dis ils, elles dirent	**Passé antérieur** j'eus dit ils, elles eurent dit
Futur simple je dirai ils, elles diront	**Futur antérieur** j'aurai dit ils, elles auront dit
Conditionnel passé je dirais ils, elles diraient	**Conditionnel passé** j'aurais dit ils, elles auraient dit
Subjonctif	
Présent que je dise qu'ils, elles disent	**Passé** que j'aie dit qu'ils, elles aient dit
Impératif	
Présent dis disons dites	
Infinitif	
Présent dire	**Passé** avoir dit
Participe	
Présent disant	**Passé** dit, ayant dit
Gérondif	
Présent en disant	

Pablo Picasso, *Guernica*, huile sur toile, musée Reina Sofia, Madrid.

Crédits : 107 et **128 :** © Oronoz/Photo12 © Succession Picasso 2021 ; **122 :** © Courtesy of Pest Control Office, Banksy, London, 2011 ; **124 :** © BPK, Berlin, Dist. RMN-Grand Palais / Jörg P. Anders © ADAGP, Paris 2021 ; **126 :** © Pancho.
Édition : Josiane Attucci-Jan • **Conception graphique :** Studio Humensis • **Mise en page :** Marina Smid • **Prépresse :** Arthur Caillard • **Fabrication :** Marianne Sigogne et Sandrine Sgarzi-Pavy • **Illustration de couverture :** Anne-Lise Nalin